速効よい子

10歳までにしたいこと、
10歳からでもできること

増田浩二

親になるという幸せ

第一子を育てる時は、誰もみんな子育ての初心者ですから不安で当たり前です。小学校に入れば、勉強の心配が出てきます。いじめの問題も気になるでしょう。でも、大丈夫です。この本を手に取ってくれたということは、本気で子育てをしようと思っている証拠で、本気で取り組む人は必ずうまくいくからです。この本を読んで、小学生の育て方のこつをつかみ、自信を持って子育てしてください。

「10歳の節目」これがわかれば、小学生の問題の多くは解決します。
子どもは、4年ごとに変化していきます。
1　乳歯と永久歯の入れ替わりの時期。6歳
2　第二次性徴の始まり。10歳
3　第二次性徴の安定。14歳
4　身長の伸び止まり。18歳
体が変化すれば、脳も心も変化します。
ここから考えると、子どもの変化の節目は、小学校と中学校の間ではなく、4年生と5年生

の間にあるといえます。幼児のような1年生が、大人のようになって小学校を卒業するのは、この節目で「大人」になるからです。

小学校の高学年になり、ある日突然、大人びた言葉で親に逆らう子に戸惑う。逆に、小学校低学年のうちから、先を心配して子どもを追い込んでしまう。こんなふうに、「10歳の節目」に気づかなかったことで悩んでいる多くのお父さん、お母さんと出会ってきました。

こんな問題の多くは、「10歳の節目」を踏まえてお子さんを見つめれば、簡単に解決します。

ぜひ、この本を読んで、親になった幸せを感じてください。

目次

親になるという幸せ

第二章　小学生は、どんなふうに勉強させればよいか

第一章

小学生の親は、何をすればいいか

1 「親＋1」で子どもを育てれば、親も子どもも幸せになります

うれしかったこと全部＋1

読者の方からのお便り

私はもうすっかり大人になって自分の子どももおりますが、親の前ではいつまでも子どもの気持ちが抜けません。メルマガを読んで、自分が子どもの頃、痛い思いをしたり悲しいことがあったりして泣いて母親にすがった時のことをいくつか思い出しました。

親になると、自分は大人で相手は子ども、と思い込んでしまいがちですが、芋虫が蝶になるように「子ども」が違う形に進化して「大人」になるわけではありません。子どもが大人にな

るまでには、確かに「節目」はありますが、基本は変わらないのだと思います。だから、親は、「親らしいことをするぞ」などと、肩ひじ張る必要はありません。自分が子どもの頃にしてもらってうれしかったことを、お子さんにしてやればいいのです。

小さな頃からずっとつけている日記があれば、親がどんなことをしてくれたかを思い出せます。もし、そういう日記をお持ちなら、素晴らしいことです。

日記などがなければ、昔のことを思い出す手だては、おしゃべりです。夫婦で話すのもいいし、古いお友達に久しぶりに電話してみるのもいいかもしれません。もちろん、御両親が健在なら、御両親とのおしゃべりの中から、記憶の扉が数え切れないほど開くでしょう。そうして、御自身が子どもの頃、してもらってうれしかったことを数え上げて、全部お子さんにしてやってください。お父さん、お母さん御自身が、「幸せに育てられた」からこそ、今の人生があるのですから。

お子さんに、「大いなる希望」も持ちたくなるでしょうが、まずは、御自身がしてもらってうれしかったことを全部、お子さんにしてやってください。その上で、「もし、こうしてもらえていたら、もっとうれしかった」と思うことを一つだけ、お子さんにしてやりましょう。

「うれしかったこと全部＋1」これだけで、お子さんは、素敵な人生を送れます。

早速、母親に聞いてみます。

自転車～「ありがとう」は、うまく言えなくても

子どもの頃、近所の友達は、小学校になると、みんな自転車を買ってもらっていました。でも、うちは貧乏で、子どもの自転車を買う余裕はありませんでした。3年生になっても、4年生になっても自分の自転車を買ってもらえず、友達と遊ぶ時はいつも友達の後ろを走ってついていきました。

かわいそうだと思ったのか、父が、どこかから自転車の部品を集めてきて、小さな自転車を組み立ててくれました。ペンキも有り合わせで、青と銀と肌色で塗られていました。でも、初めての、自分だけの自転車がうれしくて、6年生の途中までそれに乗っていました。

さすがに6年生の体格に合わなくなってきた頃、父は自転車を買ってくれました。でも、行ったのは自転車屋ではなく、質屋でした。そこで中古自転車が安く売られていたからです。

みんなが新品なのに、自分だけは中古。でも、恥ずかしいという気持ちはありませんでし

た。高校1年の時に、自分の運転ミスで大破するまで、その自転車に乗りました。

もっと小さい頃、周りの子に比べて自分の家が貧乏なのを感じて、恥ずかしいと思ったことが何度もありました。でも、6年生のその頃は、そういう気持ちがなくなっていたような気がします。多分、父と母が、人生のすべてをかけて、自分を養い、自分をかわいがってくれているということを、言葉にできないながらもわかる年齢になっていたのだろうと思います。

八十歳を過ぎた母は、今でも私に言います。「ピアノを習いたいと思っていたのは知っていたけど、あの頃は貧乏でピアノ教室に行かせてやれなかった。今でもすまなかったと思っているよ」こんな両親の下で育てられ、私は本当に幸せでした。親が精一杯のことをしさえすれば、子どもは必ず幸せになれます。

3年生の教室、朝の会の「幸せと感謝のコーナー」で、最近、「今日の朝ごはんがとてもおいしかったです。お母さんに感謝しています」などと言う子が増えてきました。

2　親が子育てを楽しめば、子どもも育つのを楽しみます

親がした通りに子どもは育つ

読者の方からのお便り

今週の「速効よい子」に書かれていた、先生を褒めちぎるというお話がとても好きです。私なりにいろいろ考えて少しでも学校が楽しい所だと、子どもが感じられるような話をたくさんしています。その中で、担任の先生のことも褒めちぎって、お母さんは先生のことが大好きだということを、子どもが感じられるようにしています。

また、友達のこともいっぱい褒めて、自分が良い先生や良い仲間に囲まれている幸せに気づいてくれることを願っているからです。自分は、とってもマイナス思考な人間ですが子どもには、前向きにプラス思考で生きてほしいと勝手なことを思ってしまいます。

まず、自分が変わらなくては駄目ですよね。

差し上げたお返事

子どもは親の鏡です。だから、親とはまったく違う人にはなりません。子どものために親が変わらなくちゃって思うと、うまくいかないと思います。こんなふうに自分が変わったら楽しいなって、親自身が自分のことを考えるなら、うまくいくと思います。

再度いただいたお便り

そうですよね！子どものために変わろうと思うのは、どこかで無理が出てきますよね。それに、子どもにも負担をかけることにもなりそうです。温かい人達に囲まれてお仕事をさせてもらえる幸せを毎日、感謝しています。無理に自分を変えるのではなく、今の私を子どもに見てもらおうと思います。

「しなくちゃ」と思うと、それができなかった時に、心のどこかで、それを誰かのせいにしてしまうかもしれません。「したい」と思ったことをすると、どんどんエネルギーが湧いてくるし、もし、うまくできない部分があっても、全力でやったのだから、それでいいと思えます。

頑張ってきた人生です。全部お子さんに見せてください。そして、自分が変わることも楽しみましょう。

読者の方からのお便り

先生の今日のメルマガを読んで、切実な状態の私の胸に、どかん！と来ました。そこで、不躾ながら、私の悩みにお答え頂きたくメールしました。

一人息子は2月生まれの幼稚園の年長さんです。息子は何度言っても注意されていることを直せません。私自身も注意することに疲れ果ててきました。理由も分かるように説明しているのに、注意したことは守れず、反対のことをするのです。食事のマナーだけでも、ひじをつかないとか、おかず食い（おかずだけを食べること）をしないとか、本当に毎日うんざりします。幼稚園なので、平仮名を練習中。ポイントを教えて書かせようとしているのに同じ間違いを何度も繰り返すので嫌になってきます。私自身、子どもの頃は字が下手で、中学の頃から真剣に直しました。その気になれないのは、まだ恥ずかしいという気持ちが目覚めていないからなのでしょうか。

子どもたちは、恥をかかないように「する」のでもなく、禁止されるから「しない」のでもありません。楽しそうだから、まねをするのです。「学ぶ」の語源は「まね」です。周りの大人は楽しそうに字を書いていますか。

夜遅く帰ってくるお父さんに、毎晩、楽しそうにお母さんがラブレターを書いていたら、子どもはその横に座って字を書きたくなるでしょう。お父さんに愛を込めて、丁寧にゆっくり書いているお母さんの字を見たら、自分もゆっくり丁寧に書きたくなります。お父さんとお母さんがスマホでやりとりするだけでは、子どもの字はうまくなりません。

一家団欒の食卓、お父さんとお母さんが互いに食事のマナーを褒め合っていれば、子どもも仲間に入れてほしくて、食事のマナーに気をつけます。子どもは楽しそうな大人をまねしたいのです。楽しそうな大人の仲間に入りたいのです。楽しいことをしていれば、いけないことをする時間はなくなります。

先日、あるお母さんが「私の夏休みの目標は、子どもを叱らない日を作ることです」とおっしゃいました。私は「それはだめです」と言いました。「叱らない」と思うと、我慢しなければいけない場面も出てきます。我慢は、顔や声に表れて、子どもに伝わります。

「子どもを叱らない、を、一日三回以上お子さんに笑いかける、に、かえてください」と、そのお母さんには言いました。笑いかけようと思ったら、自然に子どもの良い所を探すようになります。お父さんとお母さんが恋人同士だった時のことを思い出してください。相手の良い所を探そうとしなくても、自然に良い所が目に入ってきたはずです。お子さんも、そんなふうに見えていますか。

読者の方からのお便り

今日のメルマガには感動しました。

そして、何でも楽しそうにやっていた私の母の姿を思い出しました。母がやっていたように何でも母のまねをしていればよいんだ、と思いました。母のことを知恵深い人だと思いました。自分も楽しみながら、周りの人たちもいい気分にさせてくれて。なかなかできることではないのに、母も大変だったのに…。母に感謝しました。

ついでに、もしくは、自分のために

読者の方からのお便り

うちの子は中一になりましたが、歴史で教科書を自主的に音読する宿題があります。その宿題だけは、楽しいようで♪すすんでやっています！

私は、ある時期まで、授業中子どもに音読させる時、じっと聞いて、間違いを直す指導をしていました。

もちろん、これも大事な指導法ですが、ある時、模範を示そうと思って読んでみたら、昔に比べて、自分がとても下手になっているのに気づきました。

これはまずいと思い、授業中、自分も子どもと一緒に大きな声で読むようにしました。

子どもが正しく読めるように、静かにじっくり聞いているだけだった頃は、子どもも緊張して、なかなか大きな声で読めていませんでした。しかし、私が一緒に大きな声で読むと、子ども達も負けずに大きな声で読むようになりました。

やっていくうちに、自分で読みながらも、子どもの読んでいる声や言葉が聞こえてくるようになりました。私自身の滑舌も良くなり、音読をするのが楽しくなってきました。

同様に、音楽の授業も、これまでは、子どもの歌を聴いて、歌声などを修正をすることに重点を置いていましたが、特別その必要がない時は、自分も一緒に歌うことにしました。すると、子ども達の歌声も大きくなりました。朝の会などでも、毎日、私も全力で歌っているので、子ども達の歌声も自分の歌声も、大きく響くようになっていきました。

これまで、「子どものため」と言いながら、ずいぶん無理をされているお父さん、お母さんに出会ってきました。もちろん、それは、子どものためになるでしょうし、親の喜びでもあります。でも、多くのお父さん、お母さんと会って、いいなあと思えたのは、御自身が楽しんでいることを、子どもと一緒にやっているお父さん、お母さんでした。

そういうお父さん、お母さんの元で育った子は、みんな伸び伸びしています。「楽しそうに生きている大人」を目の当たりにしているので、その子は大人になるのが楽しみなのです。

子育てについて、真面目に取り組み、いろいろなことを試すことは大事です。でも、いくらお子さんのためとはいえ、親が無理をして「自分ではない自分」になる必要はありません。

自分のすることのついでに、子どもとも楽しもう。このくらいの軽やかな気持ちで子育てをしてみませんか。大人が、自分の好きなことを「大好きだよ」と素直に言えて、明るく楽しい人生を生きていくことが、良い子育て法のようです。

読者の方からのお便り

現在、私は趣味でコーラスグループに参加しています。歌の選曲がちょうど子ども達の歌っているようなものが多く、家や車の中で、ふと口ずさんでいると、いつのまにか息子たちがハモっていて、とっても幸せな時間を過ごしていたりします。長男は、中学生になりだんだんと口数も少なくなってきましたが、少しでも一緒にできることを続けていけたらと思います。

いつもは、聞いてばかりいる本読みも、今日は段落ごと交代で読んでみました。

人生80年のうち10年間だけ、理想の人を演じる

親自身が自信を持って、楽しく生きる。これが、子育ての基本ですが、これだけでは何だか不安になったり、子どもには、もっと良い人生を送ってほしいと思うのも、親心です。子どものためにもう少し頑張れそうなら、「理想の人を演じる」に挑戦してみませんか。

「子は親の鏡」ですから、こんな人間に育ってほしいと願ったら、親自身が、そういう理想の人間でいればよいわけです。

「そんなの無理です」と言われそうですが、こんなふうに考えてみてください。

まず、「理想の人」を演じるのは、とりあえず、子どもが生まれてからの10年間だけです。80年以上の人生で、10年間は長く感じますか。

次に、「理想」についてですが、「親と正反対の人生を歩んでほしい」と漠然と思っていると、理想の人を演じるのは大変です。

でも、よく考えてください。お父さん、お母さんの今の人生は、とても幸せです。お互い、素敵な人に出会って結婚し、かわいい子どもに恵まれたのです。「こんな人に育ってほしい」という願いのほとんどは、お父さん、お母さん御自身がすでに実現しています。ですから、演じる「理想の人」は、「うれしかったこと全部＋1」の「＋1」の部分だけでいいのです。

「＋1」で、子どもには、もっと優しい人になってほしいとか、もっと明るい人になってほしいという願いを持ったら、親は10年間だけ、少し無理をして、もっと優しい人や明るい人を演じればいいのです。上品な人になってほしいと思ったら、お父さん、お母さんが理想とする上品な話し方で、10年間過ごしてください。もっと勉強してほしいと思ったら、お父さん、お母さんも、御自身の仕事に関する勉強を猛烈にやればいいでしょう。演じるのは大変ですが、愛する子どものためです。

もっと運の良い人になってほしいとか、不幸な目にあわない人になってほしいと思うかもしれません。そうならば、赤ちゃんが生まれた日から、御夫婦で、ラッキーだった話をたくさんし、それから10年間、家族の食卓で（どんなに小さなことでも）本当にあったラッキーな話をし続けてください。そうすると、10年後には、お子さんが「幸せ見つけ」の達人になっていて、それが幸運を呼び込むようになります。

それでも、「親と正反対の人生を送ってほしい」と思ったら、いちばん不幸だったことを思い出して、それがなぜ起こったのかを考えてください。その原因のほとんどが、避けられない運命だと思えるでしょうが、冷静によく考えると、自分の中に少しだけ原因があることも多いようです。

「あの時、あんな言い方をして、あの人を傷つけなければ…」

それがわかったら、10年間、優しい言葉だけを使う人を演じ続けましょう。

「あの時、欲張らずに、こちらを選んでおけば…」

それがわかったら、10年間、謙虚に振る舞う人を演じ続けましょう。

「あの時、躊躇せずに、思い切ってやっていたら…」

それがわかったら、10年間、新しいものに挑戦する人を演じ続けましょう。

「あの時、あんな無茶をしなかったら…」

それがわかったら、10年間、冷静な人を演じ続けましょう。10年間、理想の人を演じられて初めて、人は親になるのかもしれません。教師も同じです。

理想の人を演じ続けると、お父さん、お母さん自身の生活にも、ちょっと面白いことが起こるかもしれません。「演じるのは、たった10年」。そう思えば、やれるような気がしませんか。

子どもの環境は親が創っている

「ゲームセンターには、親と一緒に行きましょう」という学校の約束がありますが、私は、親と一緒であろうが、小学生はゲームセンターに行くべきではないと思います。

小学生は、自分の周りにあるものすべてを自然に吸収します。大人でも同じですが、何度かそこに通えば、「そこに行くこと」「そこにいること」が、その人の脳の中で、「常識」「当たり前のこと」になります。場所や行動に、脳や体がなじむのです。

ですから、小学生のうちに、ゲームセンターに親にたびたび連れて行かれた子は、次第にゲームセンターに行くことや、そこにいることが、特別なことではなくなります。夜遅く親と一緒にカラオケに行っている子や、居酒屋で夕食をとっている家族の子は、中高生になってからも、そこにいるのが当然、という脳と体を持ちます。

でも、「将来は、ゲームセンターやカラオケに入り浸る高校生になってほしい。できたら、こっそり居酒屋でお酒を飲んでほしい」などと望む親はいるのでしょうか。

小さな頃、どんな場所にいたか、それが、お子さんの将来を大きく左右します。お子さんの将来にふさわしいと思える場所に、連れて行ってください。

でも、無理をする必要はありません。お父さん、お母さんが無理をして、慣れない場所に連れて行っても、お父さんとお母さんの「どきどき」がお子さんに伝わって、お子さんが落ち着かなくなります。落ち着かない場所は、脳や体になじみません。

ですから、お父さん、お母さんは、自分が小さな頃連れて行ってもらって、今考えてみて「良かったなあ」と思う場所へお子さんを連れて行ってください。

それができたら、一つだけ、もし自分が子どもの頃連れて行ってもらえていたら、きっと自分の人生が良い方向に変わっただろうなあ、と思う場所に、ちょっと無理して行ってみるのもいいかもしれません。お父さん、お母さんの持っていた夢を、お子さんが知っていてくれることも、親の幸せの一つです。

読者の方からのお便り

主人がたまに、子どもをゲームセンターに連れて行くのがいやだったのですが、やはりきっぱりやめてもらいます。ありがとうございます。

夫婦の間でも、言いにくいことはありますね。でも、子育てに関してだけは、必ず、心の底まで見せて、話し合うことが必要です。

子どもは顕微鏡と望遠鏡で見る

夫婦も、いわば、子育てをするチームです。

先日、相談にいらっしゃったお母さんが、「お父さんの見方は、母親の見方とは違うので、最後は喧嘩になっちゃうんですよね」とおっしゃっていました。

子育てには、顕微鏡と望遠鏡が必要です。子どもの「今」を子細に見ることのできる顕微鏡と、子どもの未来を見通せる望遠鏡です。

親が近くを見る眼鏡をかけた時は、子どもが今、何を考えているのか、何を悩んでいるのか、健康状態はどうか、などが見えてきます。遠くを見る眼鏡をかけた時は、子どもが将来どうなるのか、そのために今、何をしなければならないのか、などが見えてきます。

同じ思いを持って子育てをしていても、子どもを顕微鏡で見ている時と、望遠鏡で見ている時とでは、子どもへの接し方は違うものになります。叱らなければならない時も、顕微鏡で見るのと望遠鏡で見るのとでは、違う叱り方になります。

一人の人間が、顕微鏡と望遠鏡を同時に使用するのは、大変難しいのですが、幸い親は二人います。子どもを見る時に、お父さん、お母さんが、それぞれ違う眼鏡をかけていれば、違う角度から子どもについて考え、違う声掛けができます。ですから、子育てに起こる様々な出来事に対して、お父さんとお母さんの意見が対立するのは、良い子育てをしている証拠です。そういう夫婦喧嘩は、良い夫婦喧嘩なのです。

気を付けておきたいのは、子どもの将来の理想像は、夫婦同じにしておくことです。「優しい人になってほしい」という共通の理想像があれば、その時いくら意見が対立しても、その話し合いは、必ずお子さんのためになります。ただし、良い夫婦喧嘩といえども、子どもの前では、あまり派手にやらないでくださいね。

シングルで子育てをする場合は、大変ですが、いつも遠近両用メガネをかけていてください。そうすれば、大丈夫、子どもは真っ直ぐ生きていきます。

親が真剣にしていることは全部正解

読者の方からのお便り

私は、親も一人の人間だよっていう意味で、子どもに弱みをみせるのも、家族として大事なことかな～と思っていたので、遠慮なく会社の愚痴やしんどいよ～という事を話してきました。（ある程度はオブラートに包みますが…）

子どもたちは、その度に真面目に聞いてくれて「大丈夫だよ」と慰めてくれたり、場合によっては「ふーん」と流されてしまったり。でも、息子も娘も「じゃあ仕事辞めたら」と言ったりはしません。そして最後は「かーちゃん頑張るわ！」という話で終わっていたのですが、子どもには精神的な不安を与えていたのかもしれませんね。少し反省しました。

反省なんて、する必要は全然ありません。その度に真面目に聞いてくれる。「大丈夫だよ」と慰めてくれる。「じゃあ仕事辞めたら」と言ったりはしない。これだけでも、お母さんの話が、息子さん、娘さんに良い影響を与えていることは間違いありません。

子育てというのは、子ども一人一人、ケースバイケースです。

私がこの本に書いていることは、すべて真実だという自信があります。でも、お父さんとお母さんは「そういうことも、あるんだ」と受け取ってくれれば大丈夫です。お父さんとお母さんが一番よいと思ってしていることが、お子さんにとって一番よいことだからです。

どんなに素晴らしい言葉や理論に出合っても、それが付け焼き刃では、子どもを納得させることはできません。納得させるどころか、10歳の節目を越えた子には、こちらの底の浅さを見透かされたりもします。親が本当に消化し納得できている言葉しか、子どもには通じません。

お父さん、お母さんが数十年、一所懸命生きてきた中で培ってきた人生観、そして、その人生観から真っ直ぐに出てくる言葉なら、子どもは素直に聞いてくれます。

お父さん、お母さんがこれまでに、やってみてよかったこと、人にしてもらってうれしかったこと、まだこの先にある夢、…。お父さん、お母さんの心から出てくる真剣な言葉は、すべて、子育ての「正解」です。

3　子どもが正しく育つように親は「家庭王国」の王でいてください

王国に君臨する

〝学級王国〟という言葉は、よい意味では使われません。ほとんどの場合、教師が王様になり、自分の学級を独善的に支配している、という意味で使われます。でも、私は、毎年、〝学級王国〟を作ってきました。王様はもちろん私です。

私の〝学級王国〟には、法律があります。法律を作るのも、王様の私です。法律は、全部で3つです

1　人も自分も幸せになる。
2　誰が見ていても同じことをする。
3　自分から始める。

「人も自分も幸せになる」は、この王国で生きていくための最も重要で基本的な法律です。最初は何をどうすればよいかわからない子も、人のために働いてみると、感謝されたり、笑顔が返って来たりするので、人に親切にするのが癖になります。人に意地悪をしようとしても怖い王様が見張っています。どの子も、人に意地悪するよりも親切にした方が、自分が気持ちがいい、ということがわかってきます。

この1つ目は、長い間「人の幸せを大切にする」でした。しかし、これでは困ったことが起きました。自分を犠牲にしてまでも、人のために尽くしてしまおうとする子が出てきたのです。

自分が大変な分、人が幸せになると思ったら大間違いです。自分に親切にしてくれた人も一緒に喜んでやってくれている、と感じなければ、親切にされている方は遠慮して素直に喜べません。人に親切にしたことで、自分も幸せになることが大事です。それで、「人も自分も幸せになる」に変えました。

2つ目の「誰が見ていても同じことをする」は、これを守らないと、友達から信頼されなくなります。そうなったら王様に叱られるより辛いだろうと思います。

3つ目の「自分から始める」は、努力目標です。

仕事に追われている時と、自ら仕事を生み出している時では、同じ仕事量でも、疲労度が違います。それがわかっている大人でも、自分から始めることは、なかなか難しいのですが、子どもたちには、ぜひ自分から始める素敵な人生を送ってほしいと思います。

ここまでは私の学級の話ですが、最近、家庭の中に王様がいなくなったように感じます。子どもを一人の人間として認めることと、親が親の責任を放棄することが混同されているのではないかという家庭を見かけます。「人権」という言葉に混乱して、導くことに臆病になっているお父さん、お母さんがいるように感じます。

王様になるのは、とても大変です。王様は、すべてのことに責任を持たなければいけません。未来を見通し、それを守る人が幸せになれるようなルールを精選し、絶えず進化させていかなければいけません。王様がそれを怠ったら、学級でも家庭でも、そのチームは崩壊し、メンバーは皆不幸になります。

今、家での王様は誰ですか。王様は、未来を見通したルールを提唱し、責任を持って徹底的に守らせていますか。御家庭での「法律」「ルール」を教えてください。みんなで出し合って、より良いルールができるとうれしいです。

ちょっとした所作で子どもは大きな得をする

ちょっとした所作を身に付けさせるだけで、子どもは、いろいろな場所で得をします。気になる所作があったら、お子さんができているかを見て、少し厳しく身に付けさせましょう。

○靴をそろえて置く。

朝、職員室から靴箱を経由して教室に行く担任はたくさんいます。今日は全員元気にそろっているかどうか、一目で確かめられるからです。

毎日見ているので、靴を見ただけで、その子の中味まで見えるような気がしてきます。毎日きちんと靴がそろえられている子は、躾がしっかりできていると感じます。

たとえば、そういう子の靴が、ある日突然乱れたりしていると、今朝は家でお母さんと喧嘩でもしてきたのかな、と思い、教室に行った時、真っ先にその子を見ます。もしかしたら、誰かと喧嘩していて、相手に靴を乱されたのか、いじめられているのか、などという心配もします。日頃から靴の置き方が乱れている子では、そういう想像はできません。

トイレのサンダルなど公共の履き物を使用後、しっかりそろえている子には、自然に人を思いやる優しい心が生まれるでしょう。小さい頃覚えた所作は一生身に付きます。

家の玄関で口うるさく言う。手本を見せ、直させる。子どもに煙たがられても、頑張りましょう。

○いただきます、ごちそうさまが自然に言える。

「いただきます」「ごちそうさま」が身に付いている子は、感謝の気持ちを持っている子、または、いずれ自然に持つことができる子です。夢を叶えるには、周りの人の力が絶対必要です。感謝できる子には、たくさんの人が集まります。

○御飯粒を残さず食べる。

小さい子にとって、御飯粒を残さず食べるのは、とても難しいことです。でも、日頃からうるさく言われていると、給食でもきれいに食べられます。

○こぼしたら、さっと片付ける。

これができると、家庭で一人前に扱われているのが分かります。自分で後始末ができる子は、友達を助けることもできます。家で赤ちゃん扱いされ、こぼしたものを拾ってもらっている子は、学校で、こういう事態に陥ると、自分のことで精一杯になってしまいます。

○音を立てずに食器を置く。

ものを大事に扱う所作は、優しい心を作ります。

以前、食事の時くらいうるさく言いたくない、というお母さんに出会ったことがあります。それはそれでいいのですが、そうならば、何についてうるさく言うかは、しっかり決めましょう。昔うるさく言われたことが身に付いていて、得したことはありませんか。うるさく言って嫌がられるのも、大人の役目の一つです。

○ハンカチで手を拭く。
　小学校では一年中、中でも冬は特に、手洗いうがいをさせます。廊下が水に濡れるのもお構いなしに、濡れた手を振る子が多い中、きちんとハンカチで手を拭く習慣が身についている子は、周りの人を不快な気持ちにさせません。

○靴をしっかり履く
　かかとを踏むサンダル履き歩きは、歩く姿勢が悪くなります。歩く時に無駄な力を使うので、格好よく脚が伸びません。きちんと靴を履いている子は、颯爽と歩けます。颯爽と歩く人間は、自然に胸を張り、前向きに生きることができます。また、かかとを踏むと靴も早く傷みます。買ってもらったものを大事に使う気持ちを育てましょう。かかとを踏む子には、「親不孝者」とよく叱りました。

○服を上手にたたむ
　靴箱の靴以上に、個人差が大きいのが、衣服のたたみ方です。体操着や、給食当番の白衣など、学校で服をたたむ機会はたくさんあります。きれいにたたむ子は、たためない子より早く行動できます。

細かいことのように思えるでしょうが、一つ一つの所作が、心を育てていきます。

自分の名前をはっきりと言える

小学校では卒業式を間近に控えると、体育館での練習が始まります。小学校の卒業式では、「呼びかけ」というのを、送辞、答辞の代わりにする学校が多いようです。

「呼びかけ」は、自分一人の声を体育館に響かせなくてはならないので、とても大変です。普段、教室でおとなしく生きている子には、「地獄の特訓」の日々が待っています。でも、これは、とても良い経験です。「体の機能をフルに使う」「どんなことも相手に届いた時に初めて気持ちが通じることを知る」という二つのことを身に付ける良い機会だからです。

「呼びかけ」の練習ポイントは3つ。発声、発音、速さ、です。

まず発声です。とにかく大きな声を出します。音楽の授業で腹式呼吸のトレーニングをまじめにやってきた子は、苦労しません。また、普段、みんなのために働こうと、人の前に出て頑張っている子も自然に大きな声が出せます。

今年のクラスにも、いつもみんなの前に立って仕事をしようとしている子が何人かいて、その子達の声だけは、最初から素晴らしく体育館に響きました。しかし、ほとんどの子が、自分はしっかり声を出していると思い込んでいたようで、全員の呼びかけを録音して比べさせたところ、自分の声がほとんど聞こえないことにショックを受けた子もいました。でも、みんな、上手な子のまねをして、大きな声が出せるようになりました。

次は、発音です。大きな声が出せても、言葉がはっきりしない子はたくさんいます。

「おくえんせーお、いちえんかんあ」

これ、何と言っているか、おわかりでしょうか。「6年生の1年間は」と、本人は言っているつもりです。「ろ」、「ね」、「の」は、舌の力が弱くて、舌で上あごをきちんと弾けないので、こんな発音になります。

「1年間は」が「1年間あ」にしか聞こえないのは、唇をしっかり使えていないからです。唇の力が足りなくて、しっかり上唇と下唇が使えず、「ありがとうございます」が「ありがとうございやす」と、昔のやくざ映画みたいになってしまう子も少なくありません。さらに、息を押し出す力やあごを降ろす力が弱いと、「あいがとうごずぇいやす」となり、とても卒業式とは思えない発音になってしまいます。

一度、じっくり、お子さんの発音を聞いてみてください。気になる点はありませんか。もともと人間の体は「より楽をしようとする」ようにできているので、口の動きも、意識しなければ、「サボる」のです。口をサボらせず、丁寧に話すことはとても重要です。

最後に速さです。卒業式の場合は声の大きさは決まっているので、速さで気持ちを表します。こういうと難しそうですが、普段国語の本を真剣に音読したり、ペアの1年生によく本を読んでやっていたりする6年生には、簡単なことです。

まず、自分の名前がしっかりと聞き取れるように発音できているかを聞いてやってくださ
い。自分の名前は最も サボりやすい言葉です。

読者からのお便り

うちの次女も発音が悪いです。やっぱりラ行などがヘタです。いい練習法があったら教えて下さい。

簡単すぎると思われるでしょうが、歌を「ラララ～」で歌うとよいかもしれません。舌が口の上（硬口蓋）を弾く感覚を楽しんだり、弾く力を強くするのが目的です。小さな子は、楽しんでいるうちにできるようになることが大事です。お父さん、お母さんも一緒に歌ってくれると楽しくなります。

挨拶ができる子にする

お子さんの挨拶の様子を見て、4段階に分けて、上手にできていたら合格点をあげてくださ

い。

まず第一段階は、「にっこり笑える」です。上手に「こんにちは」と声に出せなくても、相手の大人の挨拶に対して、にっこりと気持ちのよい笑顔が返せたら、1点あげてください。

第二段階は、「元気な声で挨拶」です。これができたら、2点です。

第三段階は、その場に合った声の大きさで、挨拶できることです。小学生の元気で大きな声は、大抵褒めてもらえますが、場合によっては、場にそぐわず大きすぎることがあります。その場の雰囲気に合った大きさで「こんにちは」と言えたら、3点です。

第四段階は、「こんにちは＋1」です。とりあえず、「こんにちは。○○さん」と相手の名前を呼べるだけでも、小学生は満点です。

「こんにちは、今日も暑いですね」

「こんにちは、おばあちゃんに会うの、とっても楽しみだったよ」

こんなふうに、「こんにちは」の後に一言添えられたら、小学生としては満点以上です。

点数は、お子さんに伝えても、お父さんとお母さんで密かに付けるだけでも、かまいません。お子さんが、やる気になることが大切です。

お父さんとお母さんもお互いの挨拶に点数を付けてみてはどうでしょう。お子さんは、どちらの点数に近いでしょうか。

挨拶ができるようにしたいですね、と学校から言われても、家の中で挨拶の練習を続けるのは難しいでしょう。朝「おはよう」という言葉を交わした後は、家の中で家族同士が「こんにちは」という挨拶をするわけにもいきません。でも「はい」という返事は、一日中使えます。もし、お子さんの挨拶や返事が気になるようなら、家族全員で頑張って、まず、「はい」を身に付けさせてしまいましょう。

返事をさせるのは簡単です。厳しく言えば、その場では、できるようになります。でも、それでは、生涯を通した技術にはなりません。大切なのは、それを自然にできるようになることです。家族全体が声を掛け合う環境なら、子どもも変わります。

そこで、ノーハイ貯金というのはいかがでしょう。「はい」と言わなければならない状況でしっかりできなかったら罰金です。お父さんでも、お母さんでも、言えなければ罰金を払います。貯まった罰金は、次の家族旅行の時にでも使ってください。

では、子どもの罰金はどうすればいいか、というと、母の日などに作る○○券などで代用するのはどうでしょう。家事は、やって当然のことなので、家事手伝いではなく、「お母さんの肩もみ券」とか、「お父さんの靴磨き券」など、直接お父さんやお母さんがうれしくなることは、いかがでしょう。もし、それも家事のうちとお考えなら、家の前の道路の掃除など、公共の役に立つ仕事を考えてみてください。

こういうゲームは、期限を決めてやると効果が増します。今日から1ヶ月。家族みんなで楽しめば、お子さんの声と顔は、見違えるように輝くことでしょう。

好き嫌いがあることと、食べられないことは別の事

給食の時間も、授業と並んで大事な時間です。特に、好き嫌いのある子には、気になる時間かもしれません。

好き嫌いがなく何でも美味しく食べられる子は理想的ですが、嫌いなものがあるのは当然だと思います。好き嫌いがあるというのは、味に敏感であるという見方もできます。

問題はここから先で、嫌いな食べ物について、どう躾けられたかで大きく差が出ます。

嫌いなものは食べなくてもよいと言われて育ってきた子は、学校では、食べることで精一杯になってしまいます。嫌いなものを食べないと、学校では周りの子どもからいろいろな声がかかります。周りの声に対応したり、それが嫌で、無理に食べようとすると、食べるのが遅くなったり、体調が悪くなったりします。

一方、嫌いなものも食べるように躾けられてきた子は、そういう困ったことが起きません。中には、みんなで食べたら楽しくて、嫌いだと思っていたものが美味しく感じられたという子も出てきます。食べることで困らない子は、片付けまでてきぱきとでき、友達の仕事まで手伝って、楽しい昼休みを待つ余裕ができます。

以前、2年生を担任した時、おかずを全部食べ切り、御飯（白米）を残していた子がいたの

で声をかけると、「御飯は味がないので食べられません」と泣き出しました。御飯とおかずをバランスよく食べる習慣を身につければ問題は解決するのですが、残念だったのは、この子がお米の味を知らなかったことです。

お弁当の日に、6年生がこんな実験をしました。「お弁当は、塩むすびだけにする」「12時以降、下校時刻の4時までの間の好きな時におむすびを食べる」という空腹体験です。「歴史の勉強の中で、多くの時代、人々が飢えてきたのを知りました。現在でも、日本以外の国で飢えている人が大勢いることも、みんなは知っています。お腹がすくということがどういうことか、体験してみてほしいと思います」そう投げかけ、希望者だけ、参加するように伝えました。みんなわくわくした顔で、おむすびを用意してきました。中には、朝御飯も抜いてきたという子もいました。朝食をとるのは大切ですが、この子のやる気は素晴らしいと思いました。

午前の授業が終わりました。

「自分は体調が悪いので、いつもどおり食べます」と昼休みに食べた子、午後の体育の途中で食べた子、下校時間まで待って食べた子といろいろいましたが、感想はほぼ一致していました。

○　最後までがまんしていたら、終わりごろ、やはりお腹がすいてきました。食べ物のない国の人の気持ちを考えたら、こんなに死ぬほどお腹がすくのが何日も続くのは大変なことだとわかりました。

○塩むすびがこんなに美味しいとは思わなかった。今、食べ物が足りない国の人に日本の食べ物をあげたら、どんなに喜ぶだろう。もう無駄に物を捨てるのはやめようと思う。

○お腹がすいた後のおにぎりは本当に美味しかったです。塩おにぎりはいつもなら食べる気がしないけど、私達は贅沢をしているのだと思いました。私は好き嫌いが多いけど、今までのことを見直したいと思いました。

○がまんしていて限界になってから食べたら、作ってくれたお母さんの味がしました。

○今日食べたおにぎりは、いつも食べる物より美味しく感じた。塩とお米の味がよくわかった。私達にはいつでも食べ物があるけれど、空腹のままの人もいる。今はまだ何もできないけれど、We are the world を精一杯歌おうと思った。

食べ物の本当の味を知らないこと事が好き嫌いにつながっている場合も多いのではないでしょうか。大人になるまでに、お米は甘い、という体験を必ずしてほしいと思います。アウトドアが得意なご家族なら、これに似た体験をさせられるかもしれません。

読者の方からのお便り

以前のメルマガに、「給食には、いろいろな目的がありますが、私は、①ごちそうしてくれたものは何でも美味しそうに食べ、残さないという能力を身に付ける②日本が突然つぶれた時、きちんと生き延びる力を身につけるという2つのことが大事だと思うので…」と書かれていいます。とても大切なことだと思うのですが、2つ目の項目がどのように給食と関わっているのか、ピンときませんでした。よろしければ教えていただきたいです。

東日本の震災の時、娘は千葉で一人暮らしをしていました。当時、娘の知り合いは職場の人だけで、ご近所とはお付き合いが全くない状態でした。それでも、一人でアパートにいるのは危険だと思い、近くの公民館に避難したそうです。

誰一人知らない避難所で困っていると、祖母よりも高齢と思われるご婦人から「一緒にいましょう」と声をかけられました。娘が食料を持っていないことを知ると、そのご婦人は、持っていた小さな助六ずしの半分を娘に食べさせてくれました。

そのご婦人の話では、数時間前、初めて近くのコンビニに食料が運ばれてきて、避難所の人がコンビニに殺到しました。ところが、誰かが「これは貴重な食料だから、みんな欲張らずに、一人一つと決めて買うことにしませんか」と言うと、そこにいた全員が賛成し、整然と食料を買ったので、そのご婦人も、やっとその助六ずしが買えたそうです。

次に、いつ食料が手に入るかわからない時です。一人分ともいえない少ない量の助六ずし１パック。その半分を見ず知らずの自分に惜しげもなく分けてくれた老婦人。娘は心からありがたく、それをいただいたそうです。その時のことを思い出すと、今でも涙が出てしまうと娘は言います。

私たちは、こんなふうにこの星の身震い一つで、すべてを失うことだってあり得るのです。今は、日本という国に守られて、ぬくぬくと生きていますが、ある日突然、他の国と衝突したり、日本自体が経済破たんする恐れが全くないわけではありません。嫌いだと言っていた食材、食べられないと泣いていた給食どころか、食べ物がすべて、一瞬で消えてしまう日が来ることなど絶対にないと言い切れる人はいないのです。

不幸な未来を予測しろとは、子どもたちには教えませんが、この助六ずしを幸せいっぱいの顔で食べることのできる人間に育てたいと、強く思います。

読者の方からのお便り

感動しました。震災関連のニュースやドキュメントで何度も涙が出ましたが、娘さんの実体験も劣らずいい話です。極限の状態で手助けできるって素晴らしいおばあさんです。

さて、好き嫌いの他にも、給食の時間には重要なことがあります。それは、準備から片付けまでが給食の時間だということです。

食べることだけを「食事」と教わってきた子は、準備や片付けの時に気が回りません。しかし、準備から片付けまでが「食事」であると教わってきた子は、準備や片付けの時に、自然に体が動き、活躍できます。自然に準備や片付けの行動ができ、人の世話までできる子は、学校生活の中で自信を持つことができ、学力にも良い影響が出てきます。

食事の準備というと、買い物や調理まで含んでしまいますが、低学年では、配膳からを準備と考えれば十分です。買い物や調理の経験は、5年生で家庭科が始まると役に立つので、学校に入学してから少しずつ体験させましょう。

4　家事の技を身に付けさせれば、子どもはいろいろな場面で得をします

「お手伝い」から「家事を任せる」へ昇格させる

楽しそうにやったお手伝い。それをこれからも継続的に子どもがやってくれればいいですよね。が、そうは問屋が卸しません。一度くらい親と一緒に洗濯物をたたんでも、（たとえそれがどんなに楽しい時間だったとしても）、次の日から子どもが洗濯物を全部自主的に取り込んでたたんでしまっているなどということは、絶対起きません。子どもにしっかりと、いわゆる「お手伝い」をさせるには、ある程度の期間とこつが必要です。

1　技術を身に付ける

仕事をするためには、それ相応の技術が必要です。調理、食器洗い、衣服管理、風呂掃除…。どれも「やればできる」ものですが、短時間で上手にできる技術を持っていれ

ば、やる気も上がります。また、基本ができているからこそ、発展、応用も生まれるのです。

基本技術を身に付けるためには、師匠が必要です。また、技術を覚えるまでの期間も必要です。お父さん、お母さんが師匠になり、じっくりと教えましょう。

身に付くまでは、師匠について家事の「お手伝い」をします。大好きなお父さん、お母さんと一緒に仕事をするので、小学校低学年の子は、それが楽しくてたまらないでしょう。できることが増えるし、上手にできれば大好きなお父さん、お母さんに褒められる。最高の時間です。

2 独立させる

しかし、子どもは、いつまでも褒められて喜んでばかりいるわけではありません。10歳の節目を越えると、幼児から大人に変わるくらい体も心も激変します。今日のお子さんは、昨日のままの幼児ではないのです。

弟子が十分に力をつけたら、師匠は、暖簾分けして独立させましょう。すなわち、家事を任せるということです。いつまでも「お手伝い」では、人は育ちません。

「一緒に洗濯物をたたむ」から、「洗って乾かし、タンスに整理してしまう」、さらに、「衣服の痛みをチェックして新しい物を購入する計画を立てる」というように、衣類に関して完全に任せてしまいましょう。

「一緒に皿洗いをする」から、「食器棚の管理を任せる」、食器のしまい方から、食器の廃棄・購入の計画をすべて任せましょう。子どもが料理好きなら、「メニューを考え、買い物をし、作り、片付ける」と、日曜日の昼食を全部任せてみましょう。

こんなふうに、家事の「計画と実行」ができると、

・任せてもらったという自信が、次への意欲に繋がる。
・仕事の全体を見渡す力が身に付き、責任を持つ気構えが育つ。
・一つのことを多角的に見る習慣が身に付き、いろいろな立場の人の気持ちが分かる。
・計画を立てる中で考える力が付き、創造的な力も育つ。

と、このような効果が期待できます。

お父さん、お母さんは、お子さんの師匠です。そういうつもりでお子さんに向き合う時間を作れば、お子さんを褒める場面も倍増します。

両親共稼ぎのお宅では、なかなか子どもと一緒に家事をするという時間もないでしょう。それどころか、子どもたちに留守番をさせなければいけません。

「留守番をさせなければいけない」そう思うと、何だか心配になりますが、「留守を任せる」という言葉に変えてみてください。「大事な家を守ってください。留守を任せます。」こんな一言で、親も子も留守番をする気持ちが少し変わるかもしれません。

子どもが少しでも「任せられた」という喜びを持てたら、子どもが伸びるチャンスです。こ

ういう気持ちになれたら、教えられたことがどんどん吸収できます。

・人が尋ねてきたら、こんな対応をしなさい。そうすれば、君はこの家を守れます。

・電話がかかってきたら、こう答えなさい。よくわからないことは必ずメモして、夜、お父さんとお母さんに見せれば、君は立派なメッセンジャーです。

家を守るというわくわく感の中で、子どもたちは、大人に対する言葉遣いや電話の対応の仕方を覚えていきます。

お父さん、お母さんは帰宅したら、面倒がらずに1日の話を聞いてやりましょう。聞いてもらった子どもは、体験したことが身に付き、成長します。

お子さんがどんなふうに留守を守ったか、また、教えてくださいね。

お風呂主任と呼ぶ

では、お手伝いの具体例をいくつか考えてみます。こつは、「少しずつ大きな塊を任せる」ことです。まず、お風呂掃除です。

幼稚園、低学年の頃は、お父さん、お母さんと一緒にやります。ここで、正しい方法を身に付け、家の中がいろいろな仕事で成り立っているのを知ることができます。

中学年（3、4年生）になったら、お風呂場の管理を任せます。掃除はもちろん、室内乾燥をいつも気を付けておくとか、シャンプーの減り具合を報告するなど、お風呂場全体を1日中いつも気にかけているようにさせます。「お風呂主任」などと、お子さんが喜ぶ「役職名」を付けてやってください。

高学年になったら、予算を付けます。まず、夏休みの1か月分のお金と予算・決算ノートを渡します。そのお金で、お風呂場に関する全てのことを任せます。掃除や不足したものの補充、さらに、洗剤やシャンプーを選んだり、可愛いアクセサリーを買ったりと、家族がお風呂をもっと楽しめるような工夫を自由にさせます。こうして、任される範囲や責任が次第に大きくなることで、人は自信をもち、「人にしてもらう喜び」から、「自分が人のためにする喜び」に向けて、心がワンランクアップしていきます。

「成長する」は、「視野が広くなる」、「大きな責任を持てるようになる」と言い換えることができます。

お手伝いに予算をつけるという方法を6年生の学級懇談会で話したら、さっそく実行してくれたお母さんがいます。その後の様子を、そのお母さんから聞きました。

A君は、小さな頃から、ずっと風呂洗いのお手伝いを、兄弟でやってきているそうです。これまでも、真面目に風呂掃除をしていたそうですが、予算を付けたら、その様子が一変したようです。どうやら、A君は、お風呂や洗面所の様子に不満を持っていたらしく、予算をもらうと、すぐにお風呂場と洗面所の改革を始めました。百円ショップでいろいろなものを調達するなど、目をきらきらさせて、毎日のようにお風呂の仕事をしているそうです。学校から帰ってきて玄関を開けるなり、「『ただいま、お風呂のことだけど』と、いきなり話し出すこともあるんですよ」と、お母さんは笑っていました。「次はトイレも任せてもらおうかな」とA君自ら言い始めたようです。

台所のお手伝い

読者の方からのお便り

息子は、時々お料理の手伝いをしてくれます。ホットケーキやスクランブルエッグなどは火加減が絶妙なのでふんわり膨らんでとても美味しく作ることが出来ます。

今までは、私が後片付けをしていたのですが、夏休みのお手伝いとして1週間だけ昼食の係になるという提案をしてみようかと考えています。献立を考え、予算内で買い物をし、調理、後片付けをしてもらうのです。後片付け以外はやりたがるでしょうから、うまくいきそうな気がします。

これは、素敵な計画です。単発の仕事をさせるのではなく、一つのことをトータルで任せるという形にすることで、いろいろなことの仕組みを知ることができるし、責任感も高まります。お手伝いの効果が普通の何倍も表れると思います。「台所専門委員長に任命します。いつでもピカピカの台所で、美味しいランチを御馳走してください」と言ってやれば、「台所専門委員長」の誕生です。

ごみ捨てのお手伝いをしてくれるなら、ダストボックスマネージャーと命名して、いつでもごみ箱がきれいになっているように仕事をしてね、という方法もあります。仕事に対する認識が変わると思います。あれこれやらせることよりも、仕事に対してどんな認識を持たせたいかを考えて手伝いをさせてみてください。

読者の方からのお便り

「台所専門委員長に任命します。いつでもピカピカの台所で、美味しいランチを御馳走してください」きっと張り切って委員長の仕事を全うするのではないかと思います。アドバイスいただいてありがとうございました！

学校では学級委員任命式を開き、校長が任命書を子どもたちに渡します。台所専門委員長の任命書もパソコンで簡単にできそうですので、おしゃれな額に入れて、台所に飾るのはいかがでしょう。

読者の方からのお便り

夏休みのお手伝いですが、ランチ担当としてすべてを任されたことがとても嬉しかったようです。一週間、お買い物から後片付けまで完璧で、最終日には「ああ、楽しかった！」と呟いていました。

一日目のメニューは、ご飯、コーンとグリーンアスパラガスのオリーブオイル炒めとかまぼこを焼いてバター醤油で味付けしたものでした。本人の好物ばかりです（笑）「五百円あれば色々なものが買えると思っていたのに、違った。消費税を忘れていて、予算オーバーしてレジでジャガイモを返品した」などと言っていました。また、大好きな桃を食べたいが為に6日間こつこつお金を貯めて、最終日に手に入れていました（笑）

任せる方としては不安もたくさんあるでしょうが、親に任せられた子は必ずその期待に応えてくれます。なぜなら、どこまで任せられるかを、世界で一番よく知っているのは、両親だからです。

読者の方からのお便り

夏休みにお風呂掃除とモップ掃除を子ども達にそれぞれ任命しましたが、一日しただけで長続きしませんでした。来年こそは、お昼ご飯を任せる等、自分がしないと家族がみんなが困るお手伝いをして貰おうと思っています。

どんなことを任せようかと計画するのも、親の楽しみですね。

家族旅行のスタッフにする

駅で、おじいさんに見送られて、列車に乗る家族を見ました。おじいさんの名残惜しそうな顔を見ると、きっと久しぶりの「おじいちゃんちへの家族旅行」なのだろうなあと思いました。家族旅行は、子どもが成長する上で、とても大事な行事です。中でも、人に会いに行く旅行は格別です。子どもはそこで「公」に接する経験を積むからです。

日頃会わない親戚の人などに会って、「どのような挨拶をするか」「用意してもらったものをどういただくか」「会話をはずませることができるか」など、家族や親しい友達と接するだけでは経験できない、少し緊張した時間が、子どもを大きく成長させます。

遠くに行く必要はありません。隣の町に行くだけでも、家族旅行は子どもの大きな経験の場になります。特別に人と会わない旅行でも、電車、宿、食堂など、公の場での振る舞い、話す声の大きさなど、こういう機会にしか学べないことがたくさんあります。娘が高校を卒業して家を出て行く時、いちばん思い出に残る場所に家族で旅行しようと提案したら、娘は、隣町の動物園にみんなで行きたい、と言いました。

家族旅行は掛け値なしに楽しいものですから、ただ行くだけでも素晴らしい思い出になるでしょう。でも、自分がそこで何かの役割を果たした旅行は、より深く心に刻まれ、お子さんの自信を深めます。子どもは、こうした楽しい時間の中でも「お客さん」から「スタッフ」になった時に、力を伸ばすのです。

大人も同じですよね。職場はもちろん、地域のことやボランティア、サークル活動に至るまで、「お客様思考」でいつも経営者やリーダーに向かって文句を言うだけの人は、良い活動はできないし、結局は自分のためにもなっていません。反対に、自分も、経営者やリーダーになったつもりで、全体のことを考えて働ける人はとても魅力的ですし、苦労した分のキャリアが確実に積まれていきます。

さて、最近の家族旅行を思い出してください。お子さんは、家族の「お客様」でしたか。それともツアースタッフとしての仕事がありましたか。

キャンプ等、アウトドアを家族で楽しむ時には、子どもたちにそれぞれの役割を持たせるのは割合簡単ですが、普通の温泉旅行でも、日帰りの遊園地旅行でも、可能です。

低学年では、自分の着替えなど、自分の荷物を全部責任を持って扱わせます。たったこれだけで、自分が大人扱いをされたような気分になる子が多いようです。一泊以上の旅行では、自分の衣類をしっかりたたませるだけでも、大きな進歩が見られます。家族が共通に使うものを一つ持てば、さらにグレードアップです。

それができたら、自分のチケットは自分で買ってみるなど、一人でできることを増やしましょう。さらに余裕があったら、旅行中のお小遣いを現金で持たせて、自分のお金の管理をさせましょう。

中学年では記録係はどうでしょう。行った先々の地名の記録をするだけでも力が付きます。初めは、ただ地図を持ち、行った場所に丸をつけるだけでも面白がり、効果があります。交通費、宿泊代の記録もさせると、子どもの家族旅行に対する目も違ってきます。

また、日記、写真などどんな方法でもよいので、家族の公式記録を任せます。写真だったら、撮るだけでなく、写真をアルバムにまとめさせましょう。「家族全員が写っている写真がたくさんほしい」とリクエストすれば、いろいろな場所で見知らぬ人にシャッターを押してもらうことになります。初対面の人に上手にお願いする経験は、お子さんの力を伸ばします。

高学年になれば、旅程の一部や全体の責任者を任せることも可能です。まず、計画の段階から、話し合いに参加させましょう。

話し合いでは予算、時間、家族それぞれの好みなど、条件を考えた意見を交しましょう。行く場所の地名や名所・旧跡を調べたり、半日分のルートを決めたりと任せることを増やしていきます。旅行中も、ドライブのナビ役、鉄道旅行の乗り換えの案内役ができます。

電車、バスの時刻表を元に、旅行全体の計画を立てられるようになったら、最高です。これまでに担任した子の中で、最も旅が得意だった子は、5年生の夏休みに、一人で四国を一周してきました。

また、会計係として育てたい時は、家族が旅行の途中で飲む飲み物代の管理から始めてみましょう。3日間の旅行なら、3日分の飲み物代を最初から全部預けます。家族は喉が渇いた時に、その中から飲み物を買ってもらいます。最後の日まで、上手にバランスよく残しながら使えるでしょうか。成功したら、おみやげ物代を預ける、全日程の現金の支払いをすべてやらせるなど、内容をグレードアップします。

隣町の動物園に行くだけでも、子どもにとっては楽しい家族旅行です。楽しい時間に経験したことは必ず子どもの能力アップにつながります。

働きぶりを褒めれば伸びる

頑張った子には、「働きぶり」を適切に褒めてやることが大事です。教室では、働きぶりが良いかを、次の3点から見ていました。

1　動き出し

「自分の意志で動き出すか」が大事です。結果的に一番最初に動いていなくても、「誰かがやっているから」ではなく、「自分がやらなくては」「自分がやろう」という気持ちを持って動き出していれば、合格です。

2　仕事量

学校での15分間の掃除の様子を見ていると、少し作業をしては止まる子と、何かしら、ずっと動いている子がいます。日頃、家事をしている子にとって15分は長い時間ではありませんが、家で働いていない子にとっては、長い時間のようです。15分の作業に集中できる力があると、学習面でも役立ちます。

3　役立ち量

同じように15分間動き続けていても、よく見ると、仕事の内容に差が見えることがあります。Aさんは、次から次へと仕事を見つけていますが、Bさんは、特に考えることなく、同じ仕事を繰り返しているだけ、という具合です。

Aさんは、毎日家事をしているので、「作業の種類をたくさん知っている」「全体の段取りがわかっているので、次にすべきことが予想できる。または、まだなされていないことをすぐに見つけられる」という能力が育っています。

「動き出し」「仕事量」「役立ち量」、この3つの視点を持っていると、褒めやすいと思います。「進んでやってくれて、助かったよ」「ずっとやり続けて、えらかったね」「そんなところまで、よく気が付いたね」具体的に褒められると、人は、よりやる気が出ます。

さらに、高学年では、こんなことも見ていました。

朝、教室に行くと、ごみが落ちていたり、机の整頓ができていなかったので、部屋をきれいにするように子ども達に言いました。全員が、さっと席を立ち、ほうきや雑巾を手にして、掃除を始めました。この子達は、本当によく働きます。

私も、自分の机の周りを整頓して、ふと顔をあげると、他の子はまだ掃除をしているのに、AさんとB君が席に戻っています。Aさんは授業の準備を始め、B君は、本を読んでいます。二人とも成長したなあ、と少し感動しました。二人は、掃除をサボったのではありません。二人は、掃除をしっかりやって、「ここで、もう終わりにしてもいい」と自分で判断したのです。

これは実はとても難しいことです。終わりましょう、と先生が言うまで掃除を頑張るのとは違います。

そもそも教室が完璧にきれいになることはあり得ません。よく考えれば、世の中のほとんどのことは、やっている本人が終わりと決めるまで、終わりはないのです。それを終わりだと「決める」ということは、それに責任を持つということです。

自分の判断で掃除を終わったことに対して、先生から「まだ足りません」と叱られるかもしれません。もし、先生が「終わりましょう」と言うのを待って、それに従えば、そんな心配はいりません。自分で終わりを決めたということは、褒められても叱られても、それを自分の責任として受け止めるということです。

こうした小さな「自分で決める」を積み重ねて、責任という言葉が心に育っていくのだと思います。

子どもは、何度も判断を失敗します。失敗した判断の結果を責めては、子どもは自分で判断をしなくなります。結果がまずかったとしても、子どもが自分で判断した場合は、判断をしたことそのものは褒めてください。

その判断が失敗なら、どうして失敗したのか、どうすれば成功に近づけるかを、教えたり、いっしょに考えたりしましょう。教室では、あらかじめ、子ども達に、「自分で判断したことなら、それが失敗でも叱らない」と言ってあります。

「ここで終わる」という判断力を伸ばすには、家のお手伝いなどをさせる時に、できるだけ仕事全体を教えるのがこつです。「お皿を洗う」だけでなく「お皿をきちんと片付ける」までする、そしてそれらの行為が料理を振る舞って人を幸せにする一連の行為の一部であると教えることで、判断力は高まります。

ＡさんとＢ君が座った時点で、掃除を終わってよいと思えるほど、教室はきれいになっていました。ＡさんとＢ君は、自分で判断したばかりでなく、正しい判断をしたのです。

仕事とは何かを教える

日本ではどの学校でも、子ども達の掃除の指導は大切な勉強の一つだと考えています。そこで、「しゃべらずに掃除をしよう」「掃除の時間になったら、遅れずに始めよう」「時間いっぱいまで掃除を続けよう」などとめあてを決め、掃除の時間を充実させようと工夫しています。

与えられた仕事に真面目に取り組む、黙って静かに作業をするなど、掃除には子どもに学んでほしいいろいろな要素が含まれています。ですから、具体的な指導は、その学校の子ども達の状況によって工夫をすればよいと思います。

そんな中、私は、掃除をすることの最終目標が「担当する場所がいつもきれいになっている」ことであると、子どもに教えたいと思っています。自分の担当する場所や仕事が好きになり、いつも気にかけている。これが、いちばん大事なことだと思うからです。自分の担当する場所や仕事が好きなら、誰かに指図されなくても仕事に楽しく取り組むことができます。指導する方も、「やらない子にやらせる」ことではなく「やっている子にさらに良い方法を教える」ことに力を入れることができます。

生きていると「しなければならないこと」にたくさん出合います。そんな時に、いつもその時間を我慢するばかりでは、寂しい人生です。「どうすれば、もっとよくなるだろう」、そう考え、実践しながら過ごせば、自分の力は伸びるし、その時間そのものも楽しくなります。子ども達には、「しなければいけないこと」を我慢する人生ではなく、それを工夫して楽しむ人生を歩んでほしいと思っています。

読者の方からのお便り

掃除をするときに、きれいになった所をみて喜ぶ人の顔を想いながらすると気持ちよく掃除ができますね。なんか、こうニコニコしながら出来るというか…モチベーションが上がり続けますね！

5　子どもをやる気にさせる方法は、こんなにたくさんあります

堅い言葉でくすぐる

4年生の図工の授業で、机が汚れないように新聞紙を敷きました。制作が終わり、片付けの時間になった時に、こんな指示を出しました。「新聞紙を、教科書くらいの大きさにたたんでからしまいなさい。その時の重ねた部分のずれの誤差は1ミリ以内です。」子どもたちは「えー」と驚きましたが、夢中になって新聞紙をたたみ始めました。結果、どの子も、大変美しく新聞紙がたためました。新聞紙がきれいにたたんであれば、新聞紙をしまったロッカーの中も、今までとは見違えるほどきれいです。

新聞紙をきれいにたたませる言葉はいろいろあります。

「しまう時、くしゃくしゃにしては駄目ですよ。」→多くの子は、適度にきれいにたたみ、くしゃくしゃにしている子が、他の子から叱られたりします。

「しっかりとたたんでしまいましょう。」→一人一人の子どもの中には、すでに「しっかり」の基準があるので、今まで通りのたたみ方になります。

「きれいにたたんでしまいましょう。」→丁寧さに自信のある子は、きれいにたたもうとしますが、多くの子は、それほど神経を使いません。

今回の指示のポイントは3つです。

一つ目は、1ミリというように数字を使っていること。子どもたちは、数字を目にしたり耳にしたりすると、それに合わせて、きちんとしようと考えます。

着替えや支度が遅くなっている時、何の指示も出さず、いきなり、「10、9、8、…」とカウントダウンを始めると、0になる前に終わろうとがんばります。「あと10秒で出来なければ…」などと言っているわけではないのに、不思議です。

二つ目は、1ミリの「ミリ」。「ミリメートル」は、子どもたちにとって尋常ではない小さな単位です。そんな細かいことが自分にはできるのか、もしできたらすごいかも、と思わせる長さです。これで、集中できます。

三つ目は、「誤差」という少し堅い言葉です。

4年生では、「ごさ」と耳にして、一瞬で、それを漢字に変換し、意味を正確に捉えられる子は多くありません。しかし、「ごさいちみりいない」が、「寸分の狂いもなく」という意味だろうと何となく想像はできます。その意味は「しっかり」「とてもきれいに」と同じですが、

「誤差」という言葉は何となくかっこよく聞こえ、かっこいい言葉を聞いて、それを遂行する自分は、少し大人になった気分になります。「ぴったり」と「誤差1ミリ以内」は、ある年齢の子どもにとってまったく違う言葉であるということを大人が知っていると、ちょっとした工夫で子どもの力を引き出せます。子どもが力を発揮してくれれば、褒める場面が増えてきます。

褒める前に、まず喜ぶ

褒められるとやる気が出る、とか、力が伸びる、ということは、よくいわれます。

確かに、褒められた時はうれしいものです。やる気が出てくることも多いでしょう。でも、何でもかんでも、褒めればいいかというとそうでもないようです。

この人は口先だけだと感じると、褒められても素直に受け取れません。また、その人が本気で言ってくれているのがわかっても、自分の心が荒んでいたりすると、いびつな形で受け取ってしまうこともあるでしょう。

人は快心の仕事を褒められた時や、自分の尊敬する人から褒められた時に、やる気が湧いてくるようです。親がいつでも尊敬の対象なら良いのですが、残念ながら、そうでないこともあります。もちろん、人生のどこかで親を尊敬する時はやってきますが、そうでない時期もあるのです。

10歳までの子どもにとって、親は、尊敬の対象というより、一心同体、または鏡のような関係にあるので、どんなことも「うつり」やすい状態にあります。言葉遣いも考え方も、そして表情、笑顔もすぐに「うつり」ます。ですから、親は「褒めよう」と思わなくてもいいのです。子どもができたことを、子どもと同じ気持ちで「うれしい」と思い、それを伝えられれば、子どものやる気は溢れるように出てきます。「えらいね」という言葉より「うれしい顔」。

これが、親が子どもにやる気を出させるこつです。

これは、どんな時でも有効ですが、さらに、

・子ども自身が「できた」と満足そうな顔をした時

・今まで、できない（苦手だ）と思い込み、やっていなかったことを、自らやりはじめた時

に、親がうれしい顔をすると、お子さんの心は燃え上がります。

読者の方からのお便り

褒めるよりも笑顔！確かに、感じます。褒めるのは大変だけれども、笑顔なら、簡単！って思います。まず笑顔！ですね。

お父さん、お母さんの笑顔は、子どもを幸せにします。幸せな顔で子育てをしているお父さん、お母さんの子は、幸せに違いありません。子育てで、何よりも大事なのは、親が子どもを大好きだという気持ちなのですから。

鏡の前で「うれしい」と大きな声で言ってみてください。素敵な笑顔に出会えます。

読者の方からのお便り

笑顔いいですね。脳が笑顔にだまされるというか、思い込むというのは、うまく使いたいものです。欠伸はうつると言いますが、笑顔もうつるのではないでしょうか。

いろいろな場所で、笑顔が「うつる」ことを体験します。お店に入った時、店員さんが笑顔で迎えてくれると、こちらも笑顔になります。逆に、店員さんが笑顔ではない時、こちらがしばらくにこにこして店員さんと話していると、店員さんの表情が変わってくることもあります。もちろん、子育てでも、これは当てはまります。

大人の機嫌が良いだけで、よい子になる

周りの大人の機嫌がいつでも良ければ、よい子が育ちます。ですから、お父さんもお母さんも担任の先生も、いつも機嫌良くしていてください。とはいえ、そう簡単にできないのが人間です。そこで、どうすれば自分が機嫌良くいられるかを、ぜひ研究してほしいと思います。子ども以外のことでも、何か嬉しいことがあった時は、機嫌良く子どもに接することができるでしょう。さらに、子どもに関係したことで、機嫌良くなれるのなら最高です。

お子さんが大病を乗り越えた経験のあるお父さん、お母さんなら、お子さんが元気に笑っているのを見ただけで機嫌が良くなるでしょう。

子どもの反抗期に苦労したお父さん、お母さんなら、子どもが優しい言葉をかけてくれただけで、機嫌が良くなるでしょう。

こんな子に育ってしまって困ったなあと真剣に考えているお父さん、お母さんなら、他の人がお子さんを褒めてくれた時、すごく機嫌が良くなると思います。

先生の場合を考えると、例えば不登校の問題を体験した先生なら、朝、教室に全員がそろっているのを見ただけで、機嫌が良くなります。

過去の大変だった出来事は、小さなことで感動する能力を伸ばしてくれるのです。

今日は一日、機嫌良く、お子さんと接することができましたか。どんな時、自分は機嫌が良いと感じますか。みなさんの参考にしたいので、ぜひ、教えてください。

6年生のCさんが、こんなヒントをくれました。

6年生女子Cさんの日記

ペアの1年生が、「行きたい」と言ったので、いっしょにリサイクルフェスティバルに行きました。そこで、1年生のペアが素敵な笑顔になっていたので、1年生を幸せにできたなと思って、ものすごくうれしくなりました。幸せを半分もらったように感じました。これからも、このようなことが起きるように頑張りたいです。

1年生の笑顔に気づき、幸せを半分もらったと思えたCさんは、もう立派な大人です。まず、1年生の笑顔に気づいたことがいいですね。大人でも疲れている時は、人が笑顔になっていることに気づかないことがあります。

さらにCさんは、人を幸せにできたことを心から喜んでいます。自分が人を幸せにできたこと、そして、その人が幸せになったことを心から喜んでいるのは、心の大きさが相手の方まで広がっているということです。心が広がっているほど機嫌良くなれるチャンスは増えるのです。

人間の大きさは、心がどこまで広がっているかで決まります。子どもと大人の違いは、年齢の差ではなく、心の広がりの差で測るもののような気がします。

お子さんが、人の幸せを喜んでいたら、すぐに「ほんとに良かったね」と、一緒になって喜んでやってください。お父さん、お母さんのその一言で、それ以降もお子さんの心は広がり続け、豊かな包容力のある素敵な人に育っていきます。

褒め方の工夫　間接的に褒める

喜ぶことが何よりも大事ですが、もちろん子どもたちは褒められることも待っています。ただ、10歳を越えると、直接褒められることを照れる場合も出てきます。そういう時には、「あの人が、すごいと言ってたよ」と間接的に褒めると、素直に喜びを顔に出せることが多いと思います。

夏休みに生活表を書くという宿題を出しますが、毎年、その生活表にお父さんやお母さんが、たくさんのコメントを書いて提出してくれます。その中には、子どもに対する褒め言葉がたくさん。子ども達は自分で読んで、喜んだと思います。

こんなふうに、間接的に褒める方法は、いろいろあると思います。また、よい方法を見つけたら教えてください。生活表に書いてもらったコメントを、少し紹介します。

・毎日冷蔵庫をチェックし、言われなくても氷を欠かすことなく作ってくれて、とても助かりました。
・毎日必ず宿題をやっていました。家の手伝いもやってくれて助かりました。
・高学年になって宿題は増えたけど、よく頑張りました。
・ラジオ体操に頑張って行きました。犬の散歩も毎日行ってくれました。
・今年の夏休みは、お手伝いをいっぱいしてもらい、助かりました。ご飯を炊く、洗濯物や布団を取り込みたたむ、食器の洗い物など、「小さなお母さん」を頑張ってくれました。
・一つ褒めたいことは、毎日頑張った縄跳びです。1回も跳べなかった二重跳びが、毎日続けるうちに、自分なりにこつをつかみ、最高11回も。私も毎日のように付き合い見ていたので、本当にうれしくなりました。
・家の手伝いをたくさんしました。特に料理は腕をあげました。
・100点満点の夏休みでした。

褒め方の工夫　才能を褒める

つい最近まで、子どもを褒める時「よく頑張った。頑張ったから、こんなにできたのだね」と言うように心がけていました。大人になっても、努力をする大切さを忘れないでいてほしかったからです。

しかし、最近、これは100%正しいとはいえないかもしれないと考えるようになりました。3、4年生を指導していて、「頑張ったから、できたね」と言われた子より、「才能があるね」と言われた子の方が、やる気が長続きするように見えてきたからです。

人は、「好きなこと」なら頑張りがききます。ただ、この「好き」というのが曲者です。それをどうして好きになったのでしょうか。答えは簡単です。それが「できる」からです。

自分が泳げないのに「水泳の授業が大好き」という子はいません。「算数の授業が好き」という子は、「自分は算数ができる」と自分で思っている子だけです。

「自分はこれが得意だ」「得意だということが周りから認められている」「自分には才能がある」こんなふうに思った時、人はそれを好きになり、好きだから、持っている力以上の努力も可能となるのではないでしょうか。

そう考えると、10歳までは、「努力したので、できたね」よりも「才能があるね」という褒め言葉の方が、この先の人生で長く効力が続くような気がします。

10歳までは「天才だね」、10歳以降は「努力するって素晴らしいことだね」と、少しずつ褒め言葉を変えていくのが、有効かもしれません。

10歳までのお子さんに「頑張ったね」と言っていたことを、一度「天才だね」と言ってみてください。

小学生を見ていると、10歳までに心の中に入ったことは、「一生もの」になるようです。

教えたことだけを叱る

海外からの転入生A君は、来日してまだ4か月。日本に来てから日本語を勉強したそうですが、もう平仮名が全部読み書きできます。大変な努力家です。とはいえ、まだまだ言葉で苦労することは多いようです。そんなA君を見ていて、気づいたことがあります。「素敵な言葉は、教えなくては使えないのではないか」ということです。

A君は、日本に来てわずか4か月。他の子は「日本に来てわずか10年」です。10年といっても、最初は赤ちゃんなのですから、言葉を話すようになってからは10年も経っていません。

なのに、日本に生まれたのだから、子どもたちが日本語を「正しく」話せるのは当然だと、大人は勘違いしています。

24時間、日本語に囲まれているので、子どもたちは日本語を自然に吸収し、使えるようになっています。ただし、そのすべてが、大人が望むような「正しい」日本語とは限りません。子どもが誤った言葉遣いをした時、大人は、「その日本語は正しくない」と、いきなり叱ったりします。自分が、「こういう場合は、こんなふうに言うのが正しいのだよ」と教えていないのに、です。

何度もの失敗を経て力を身に付けさせるのは、教育の本質といってもいいかもしれません。しかし、言葉に関してはどうでしょう。失敗をよしとせず、教えていない話し方について、「その言い方は違う」などと叱ってはいないでしょうか。

言葉は、24時間、耳や目に入ってくるものなので、学校ではもちろん、家庭でも地域でも「正しいこと」を教えたいと思います。最近「正しい話し方、挨拶の仕方」や「正しい手紙やメールの書き方」について、お子さんと話す機会はありましたか。言葉について教えていないことを、いきなり叱ったりしていませんか。

今、子どもに言っていることは、治療か予防か

医療で「治療」と同様に大切なのは「予防」です。子育て、教育でも同じです。例えば廊下を走っている子を叱るのは、「治療」です。この場合「予防」にあたるのは、廊下を走ってはいけないと何度も繰り返し伝えることです。周りの大人が大事だと思うことを、あらかじめ、しっかりと教えていれば、例え「発症」することはあっても、大事には至りません。

廊下を走らない、すなわち、公共の場では、その場にあった行動をするというのは、とても大事なことなので、10歳までの子には、所作の一つとして身に付けさせるべきです。

方法は簡単です。親が公共の場で、自分の行動に細心の注意を払えば、子どもは、それに従います。10歳までの10年間に、徹底的にやれば、子どもたちは正しい所作を身に付けられるでしょう。時には、「お父さん、お母さん、こういう場所では、それはいけないことでしょ」とたしなめられるくらいになってしまいます。

10歳までにうまく身に付かなかった場合は、論理的に説得し、子どもの心を耕すことが大事です。10歳を越えた子を、闇雲に叱っても、「治療」はできません。10歳を越えたら、抗生物質を与えて（その場で厳しく叱って）直近の原因を消しても、根本の問題は解決しないのです。生活習慣を変え（正しい行動には理由があることを納得できるように伝え）、じっくりと

体質を改善することが必要です。

10歳を越えても廊下を走っている子を「完全に治す」のは、時間のかかる大変なことですが、子どもは、変わることができるので、あきらめてはいけません。

でも、その前に覚えておいてほしいのは、10歳までの子が正しい所作を一度身につければ、一生ものになるということです。子育ても、治療より予防です。正しい食事で体質を改善するように、毎日教え続けることが大事です。

ルールは、みんなのためのもの

叱る理由で多いものの一つに「廊下を走る」ことのようにルールを守れないということがあります。ルールについて、年齢に応じた話をしておくのも一つの予防になります。

世の中には、数えきれないほどのルールがあります。焦ってしまう大人は、子どもたちにルールを守らせようと必死になります。

そうしているうちに、子どもたちは、ルールから逃げたり、外れたりすることを「自由」という名前で呼ぶようになります。「自由になる」ということは、「自分で責任をとれるようになる」ということなのに、それを間違えて理解してしまいます。ルールが「有無を言わせぬ天からの授かりもの」だと思い込ませると、子どもは苦しくなった時に、ルールを破るしか、生きる方法を見い出せなくなります。

では、子どもたちのルール違反は大目に見ればよいか、というと、もちろんそうではありません。やはりルールは、きちんと守らなければいけません。

ルールを守らせたい時に、年齢ごとに少しだけ工夫すると、子ども自ら、ルールとは何かを理解し、それを大切にする大人になります。

0歳から6歳までの子どもには、理屈抜きでルールを守らせてください。

その時大切にしたいのは、親の人生訓や子育ての目標に、そのルールをシンプルにつなげることです。

例えば、「人に迷惑をかけない人になってほしい」という願いを持っているのでしたら、「人に迷惑をかけないように、○○というルールは守らなければいけません」と教えます。まだ、言葉がよくわからない年齢でも、きちんと言い続けるのがこつです。ルールに結びつける「人に迷惑をかけない」というようなキーワードは、一つに絞るのがベストです。

6歳から10歳頃の子どもには、「このルールを守ると、たくさんの人が幸せになる」と伝えて、ルールを守らせてください。「ここ（図書館）で、君が静かにすると、読書がしやすいから、みんな幸せになれるんだよ」と、できれば現場で具体的に話してください。

10歳以降は、ルールについて自分で考えるようになりますが、時には、理由もなく、窮屈なルールを破りたくなる衝動にかられることも出てきます。そこで、「ルールというのは、もともとあったものではなく、みんなが幸せになるために、人間が創ったものだ」と教えてください。ルールというのは、誰かから与えられた鎖ではなく、自分を含めたみんなが幸せになるための道具だという意識を持たせることが重要です。

そのために、学校では、「ルールは創るもの」ということを、授業や生活の中で学ばせます。

もちろん、実際の人生では、社会のルールを変えたり、創ったりすることは、大変なことです。とはいえ、アウトローになったり、反対に盲目的に遵守するだけでは、幸せな人生を送ることはできません。また、世の中には、その気になれば、みんなの幸せのために変えたり創ったりできる小さなルールがたくさんあります。

私は子ども達が小学校3年生くらいになったら、自分でルールを創るという授業を始めます。クラスで必要なルールは、みんなで創ったもの、という気持ちを持たせるためです。

体育などは、ルール作りのチャンスです。「ハバネロ」や「野球」は、毎年、クラスの中で子どもによるルール改正があります。

ただ、先ほど書いたように、親が絶対に守らせたいルールは、10歳までに体に染み込ませたいと考えます。いずれにせよ、親の言うことに黙って従うのは、10歳までです。

家では、どんなルールがありますか。お父さん、お母さんが、「この子が生きていくためにどうしても必要」だと思えるルールは、有無を言わさず、子どもの心に教え込んでください。

そうではない小さなルールは、「家族会議」を開き、みんなで話し合って決めてみませんか。

理由を一つにして叱る

予防だけで発症をゼロにするのが大変なのは、医療も子育ても同じです。

時には、雷を落とさなければならない場面もあります。ある時、廊下で騒いでいる6年生を叱りました。騒ぐといっても、楽しそうに、少しだけ追いかけっこをしていただけです。

廊下で騒いではいけない理由は、他の教室の迷惑になる、歩いている人に危険が及ぶ、など、並べてみるといろいろ出てきます。うっかりすると、このさまざまな理由を延々と並べてお説教してしまうことがありますが、それでは、あまり効果がありません。

6年生ともなれば、騒いではいけない理由の一つや二つは言えるくらいの年齢です。騒いではいけないことは分かっているのに、ついやってしまったのです。

今回、私が叱った理由は一つだけです。

「ここは、下級生が通る。君たちがおかしなことをするところを下級生が見れば6年生全員が尊敬されなくなるし、逆に、君たちが良いところを見せれば、下級生は6年生に憧れ、まねをする。教室から一歩出たら、君たちは6年生と大きく書いた服を着ているのだ。楽しく騒ぎたかったら、6年生の服が脱げる教室に行きなさい」(「悪いことは隠れてしなさい」ということではありません。)

叱られるのは、誰だって嫌なので、叱られている時間は短い方がいいに決まっています。また、人間の脳は、嫌なことは自然と耳に入らないようにできているので、廊下で騒いではいけない理由をいくつ並べ立てても、心には響きません。

特に、10歳以上の子どもを叱る時には、叱る方の理由が曖昧では、叱られた方も、自分を正そうとする意欲が失せていきます。

叱る理由を一つにすることで、叱られた方は、自分を正す方向を定めることができるので、たとえ叱られることで心が一時乱れても、次にやるべきことがはっきりします。

叱らなければならない状況にぶつかったら、まず、理由を一つにし、どんな文脈で話をまとめるかを頭の中で整理してから、話し始めましょう。

読者の方からのお便り

効果のある叱り方って重要ですね♪　ぐだぐだ長かったり、ただ怖いだけだったり、子どもらは反射的にバリアを張るだけになってしまいがちですね。

許可します

「予防」も工夫すると、工夫することが楽しくなってきます。

学校で、友達の名前は呼び捨てにせず「○○さん」と呼びましょうと指導することがあります。呼び捨てが習慣化していると、「呼び捨てはいけません」と禁止しても、すぐに呼び捨てが無くなることはありません。

「校長先生が、呼び捨てはいけません、とおっしゃいましたが、愛し合っている恋人同士には、それではちょっと寂しいな、と思えるかもしれません。そこで、このクラスだけは、恋人同士に限って、呼び捨てを許可します」こんなふうに言ってみました。

子どもたちは、すぐに、友達の呼び方を意識し出しました。

私の経験では、この方法は、3年生以上なら必ず、効きます。

人間は、誰も、「禁止」が嫌いです。やってはいけない、と言われると、反発する気持ちが心の中に湧いてくることもあります。逆に、「許可します」「自由にしてください」と言われると、自分を振り返らざるを得なくなります。日本人は「許可します」が苦手もしれません。

廊下を静かに歩かせるために「うんちが漏れそうな人だけ、走るのを許可します」というアイデアも思い浮かびましたが、ちょっと品がなさすぎるので、使っていません。

家の中で、やめさせたいことを「許可します」に言い換えられることはありますか。

読者の方からのお便り

いつも鬼母の角をひっこめてもらっている感じです。有難うございます。

お子さんに伝えたいことを、いちばんシンプルな言葉にすると、どうなりますか。その言葉を毎日お子さんに伝えれば、叱り方で悩むこともなくなるでしょう。

読者の方からのお便り

毎回、はっと、ほっと、させられる通信をありがとうございます。叱る。難しいです。叱ってるつもりが後から冷静になると、ただ怒ってただけ、という事もよくあり、反省することしきりな母です。そんな時には、せめて素直に子どもに謝ります。母ちゃんが（も）間違ってた。って。

親が子どもの前で素直になる、これはとても大事だと思います。

無理に褒めなくてもいい

6年生Aさんの作文

先生は、叱られるということは、その人に期待されているからで、喜ばれるのも、その人に期待されているということだとおっしゃっていましたが、私は、その時、あの人に叱られたということは、期待されているからなんだなと思いながら聞いていました。

たとえば、テストでの点が悪かった時に、いつも母に叱られます。私は今まで、とてもそれが嫌で、テストを見せたくありませんでした。でも、先生の話を聞いて、母は私に期待しているんだ、期待に応えなくては、と、もっと勉強をがんばろうと思いました。

他にも、習い事の先生に、いろいろなことで叱られます。でも、それは、私に期待してくれているのだから、素直に受け入れようと思いました。私の近くには、私に期待してくれている人がいるのだと思いました。

私は先生の話を聞いて、私に期待してくれている人がいることに気づき、その人の期待に応えるためにがんばろうと思うことができました。

読者の方からのお便り

Aさん、すばらしいですね。上司が部下を「叱る」も同じです。
Aさんのように前向きな考えの部下の成長は早いです

子どもも大人も、叱られるのは辛いですが、子どものうちに叱られる本当の意味を知り、上手に叱られることができるようになっていると、その先も、役立ちそうですね。

Aさんは、私の話から、叱られることの価値を見つけてくれました。でも実は、その話の中でもう一つ、子ども達に知っておいてほしいことがありました。それは、「12才は、もう褒められる年齢ではない」ということです。

最近、「褒めて伸ばす」のが大事だといわれるようになりました。

テレビ番組を見ていたら、街頭でインタビューをされたサラリーマンが、「部下を褒めたいと思うのだけれど、褒めるのは難しくて、なかなかうまくできません」と話しています。この人は、こんなことで悩んでいるのか、大変だなあと、その時、思いました。もともと、上司が部下を褒める、というのは、ほとんど無理なことだと思うからです。

「褒める」には、もちろん、人の力を伸ばす効果があります。

でも、それは、褒める人と褒められる人の間に、圧倒的に力の差がある場合に限ります。大人と子ども、将軍と一兵卒、あこがれのスターと熱烈なファン…、このような関係の場合は、「よくやった」、「よくできた」という褒め言葉は、人を伸ばす強力な栄養剤になるでしょう。でも、これほどの差がない大人どうしの関係では、「よくやった」とも言いにくいし、「よくやった」と言われても、それほど心も動かないでしょう。

子ども達は小さな頃、褒められて大きくなってきました。だから、いつまでも、その頃のように褒められるものと思っています。でも、6年生、12才は、すでに大人のメンタリティを持っているし、親と対等な口をきくこともある年齢です。

ある時は親と対等に口喧嘩をするくせに、自分の都合のよい時だけ、小さな子どものように褒められたいなんて、虫が良すぎます。だから、「もう、親は君たちを褒めてはくれない、褒められることを期待するな」という話をしました。何人かの子は、がっかりしたようです。

大事なのはここからです。その後、こんなふうに話を結びました。

「では、お父さん、お母さんは、君たちがいくら頑張っても認めてくれないのか、というと、そうではない。昔のように、褒める言葉を言ってはくれなくても、君が頑張ったのがわかった時は、一緒に喜んでくれるはずだ。

それは、百点のテストを渡した時の、お父さんやお母さんの顔を見ていれば、よくわかる。きっと、うれしそうな顔をしているはず。ここから先は、褒められることに幸せを感じる以上に、一緒に喜んでくれる人がいることを幸せだと思える人間にシフトしていきなさい」

大きくなった子どもに対して、親は褒めようと努力する必要はありません。心のままに、子どもの成長を喜び、それを顔に出せば、子どもは伸びていきます。

読者の方のお便り

ほっとしました。褒めなきゃいけない褒めなきゃいけないってずっと思ってました。でも中一の息子に褒める言葉も見つからないし、たまに褒めても嬉しそうでないし。納得がいきました。

褒める、叱るに、難しい理屈はいりません。お父さん、お母さんが「この子が生まれて、自分は本当に幸せだ」と思っているだけでいいのです。

「宿題やったの?」を「宿題面白かった?」に変える

「宿題やったの?」
この一言を、ちょっとだけ工夫すると、新しいことが見つかるかもしれません。

宿題というのは、通常、クラスの子全員に同じものが出ます。「計算ドリルの○ページをやってきなさい」という宿題です。先生方は、本当は、一人一人に合った宿題を出したいと思っているのですが、今の状況では、なかなか難しい場合が多いのです。

40人の子が現在全く同じ実力ならいいのですが、実際にはそうではありません。計算ドリルの宿題が出ると、子どもたちは以下のように分かれます。

A君　一人では全然解けない。

B君　何とかできるけど、時間がかかる。

C君　わりあい楽にできて多分大丈夫だけど、ちょっと不安。

D君　あっという間に終わり、自信たっぷり。

計算ドリルの宿題は、B君にぴったりの宿題です。先生から言われた通りしっかりやれば、宿題をやっただけで力は伸びます。さらにスピードを上げようと頑張れば、ぐんぐん力は伸びます。

A君は大変ですね。でも、多分、今日の時点で、この宿題は、クラスのほとんどの子にとって、それほど難しくはないと考えて先生は出していると思います。ここは、頑張りどころです。お父さん、お母さんがぴったり横にくっついて、朝までかかっても、ちゃんとやらせましょう。大変な分だけ、力を伸ばすチャンスです。

困るのはC君とD君です。

C君は、この宿題がちょうどよいと思ってしまいます。でも、そう思うのは危険です。完璧ではないから、似たような問題をもう一度やっておこうと考えられたらいいのですが、人間というのは、なかなかそうはいきません。普通は、出された宿題以上のことはしません。そのうちにスピードに翳りが出始め、気づいた時には、力の伸びは止まっています。もう一度やっておこうかなと思えるように育てることが必要です。こういう時に市販の問題集が役立ちます。こっそり用意してやってください。

D君は、さらに危険です。楽にできたから自分は優秀だと思ってしまいます。確かにこの時点では優秀なのですが、他の子がこの宿題に必死に取り組んでいる時間、ぼんやりと遊んでいたのでは、いつかは追いつかれ、「優秀の座」を失っていることに気づく日が来るでしょう。D君は、余った時間を他の勉強に使えば、いつまでも優秀でいられます。余った時間は、一番好きな勉強をやればいいでしょう。勉強といっても学校の教科に限ることはありません。ゲームなどで過ごすのではなく、好きなことを調べたり、やってみたりすればいいのです。

「宿題やったの?」を毎日言っても、答えは「やったよ」で終わりです。そのうちに「うるっせ~なぁ」か何かになって、親子喧嘩も始まります。

「今日の宿題、楽だった?」に変えてみませんか。お子さんの返事によって、お子さんの今の学習状況もわかるし、いろいろな対処ができると思います。訊き方をちょっと工夫するだけで、お子さんの未来は変わります。

「宿題は、もうやったの?」これを怒りの顔や、不満、不安な顔で言うと、宿題は怒りや不満や不安なものの象徴になります。

「宿題は、楽だった?」低学年ならこれを楽しそうな顔で言って、「面白そうだね、お母さんにも、ちょっとやらせて」と付け加えることを1週間続ければ、宿題は、子どもにとって、何だか楽しくうれしいものになっていくでしょう。

読者の方からのお便り

一年生の次女にやってみました。宿題、おもしろそうだねぇ、お父さんもやってみようかな。→えぇ～いいけど、面白くないよ!でした。もう少し大きくなったらやってみます。

うまくかわされましたね。でも、何度でも挑戦してみてください。親に関心を持たれる喜びは、子どもにとって、やる気の源ですから。

6　「いじめる子にしない」と親が心に誓えば、いじめ問題はお子さんから遠ざかります

10歳まで、ベタベタに可愛がる

今年も優しい6年生を受け持ちました。ペアを組んだ小さな1年生には、本当に優しく接していたし、友達間のトラブルはいくつかありましたが、どれも、みな、自分たちの優しさで解決していきました。

優しい子に育てるのは簡単です。心のティーカップに、親がたっぷり愛を注いでやるだけで、優しい子になります。親から、有り余る愛を注いでもらうと、その愛はカップから溢れます。その溢れた分が、他人に向けられる優しさになるのです。

10歳までは、「動物的」に、ベタベタに愛を注ぎましょう。毎日、毎日、これでもかというくらい、「あなたが生まれてきてよかった」と言いながら、子どもに優しくしてください。注ぎすぎて、こぼれた分だけ、お子さんは、他所で優しい人になっています。

10歳を越えたら、やり方は少し変わってきますが、基本は同じです。ずっと、心のカップの愛がこぼれるほど満ちているかを見てやってください。

日本の学校では、子どもの体を無料で検査してくれます。ありがたい制度だなあと、娘や息子を育てている時、思いました。春の学校での健康診断で、「治療の勧め」はもらってきましたか。悪いところが見つかったら、すぐに病院に行きましょう。体の不具合は、毎日の脳の働きや心の動きに大きな悪影響をもたらすからです。

担任はドクターの横で、検査結果を記録しながら聞いていますが、「歯垢」と「耳垢」のない子は、愛されているなあと、いつも感じます。

歯も耳も、子どもが小さな頃は、親がひざに子どもの頭を乗せて、掃除してやります。何歳くらいまで、その姿勢で歯や耳の掃除をしてやりましたか。

歯は幼稚園に入る頃から自分で磨かせるようになります。しかし、子ども自身だけでは充分に磨けないので、仕上げは親がやります。

子どもが大きくなるにしたがって、仕上げをしてやるのが面倒になったり、子どもが嫌がったりすることが増えるでしょう。そこをぐっと乗り越え、きちんと歯磨きを身につけさせたお父さん、お母さんは、本当にお子さんに愛を注いでいるのだと思えます。

歯と違い、毎日チェックしないことの多い耳垢の方は、溜まっていることに気づきにくいでしょう。耳垢は溜まりすぎると耳の聞こえが悪くなり、授業での聞き取りなどに悪影響をもたらします。ところが耳垢取りは歯磨きとは違い、子ども自身にやらせることは危険で難しい作業です。ですから、小学校の高学年になっても自分でよほどうまくやれる子以外は、親が見るほかありません。

お母さんの背より大きくなった子の頭をひざにのせて耳垢をとる。子どもに何と言われようと、これは親の幸せな時間です。前回はいつ耳掃除をしてやりましたか。

勉強についても、ベタベタとかわいがってかまいません。

夏休み前の保護者面談で、3年生A君のお母さんから、とても良いお話を聞きました。

春の家庭訪問の時、A君のお母さんから「今まで、忘れ物をしないように翌日の持ち物を一緒に用意していたけれど、これを続けるといつまでも人に頼る子になってしまうような気もします。3年生になったから、一人でできるように、手伝わないことにしたほうがいいでしょうか」と尋ねられました。

「子どもが嫌がるまで手をかけてやった方がいいですよ。溢れてこぼれるほど愛情をふりかけられた子が、よい子になります」と、私は答えました。

A君のお母さんは、それからも毎日A君と一緒に「明日の支度」を続けました。

明日の支度をしながら、ノートなどを見て、「今日はこんな勉強をしたんだねえ」という話をしていると、A君は「ここはわかったけど、ここはわからなかったんだよ」と話すようになったそうです。

そのうち、A君は「わからないところを教えてほしい」と言うようになり、自分から進んで教わったり勉強したりするようになったそうです。

高学年では「予定帳で勉強する」ことを勧めていますが、3年生くらいでは難しいので、どうしようかと考えていました。A君のお母さんのお話が、その答えの一つを教えてくれました。読書好きになるためには、まず読み聞かせが必要なように、「予定帳で勉強する」のも、その前段階に「一緒に明日の支度をする」が必要だったんですね。

読者の方からのお便り

息子に、手作りの百ます計算もどきを作り、時間を計ってやらせています。息子には、ノートに線を引いて私が作ります。その日の息子の状態を見てますの数が違ったりしますが、一問につき何秒かかったかを記録してあります。

やり終えた後、私が◯付けをするので、息子の苦手なところも見えてきました。（掛け算は7の段が苦手。引き算も7引くが苦手）面白いです。

私が作った問題だけでは、ノートの下の部分があまってしまうので、息子が自分で問題を作ります。合わせると、150問以上になりますが、時間はせいぜい5〜6分です。

記録の更新が楽しくて、子どもは頑張るのでしょうね。

6年生のお母さんからは、こんなご相談をいただきました。

「毎日、宿題をしっかり見ています。夏休みも、つきっきりでやらせようと思います。でも、来年から中学生だと思うと、こんな状態でいいのか悩みます。子どもの友達の話では、もう、自分で進んで勉強に取り組む子も多いようです。うちの子も、自分で進んで取り組むよう、私は子どもから離れたほうがよいでしょうか。」

私の答えです。

「お母さんに、やる気があるなら、今まで通り、ぴったりくっついて、勉強を徹底的にやらせてください。これまで、嫌々勉強をやっていた子が、お母さんが離れたからといって、急に、自分で勉強を始めるようになるはずがありません。今、お母さんが離れたら、これ幸いと勉強をさぼり、実力が落ちるのは目に見えています。お子さんの様子にはお構いなく、お母さんが力尽きるまで、ぴったり離れずに、びっしり勉強させてください。心配しなくても、お母さんが力尽きる日は、やがて、やってきます。そうなったら、もう、一生、お子さんの勉強の面倒を見るという体験は、できません。どうぞ、思う存分、自分の子の世話ができるという幸せを味わい尽くしてください。」

自分にまだ子どもがいなかった若い頃は「そろそろ、乳離れの時期です」などと、お母さんたちにアドバイスしていた時期もありましたが、今の考えはこの通りです。

自分の子の世話ができる時期は、人生の長さを考えるとほんのひと時です。思った通りに、お子さんの世話をしてください。

ただし気を付けることが一つ。それは、「自分が力尽きたら、やめる」ことです。自分がこれ以上できない、大変だと思った時は、さっと手を引いてその日から勉強の世話はやめましょう。お子さんが、「何が起こったんだ」とびっくりして、不安になるくらい急にやめるのがこつです。

自分が力尽きているのに、子どもに教えても無駄です。それまでのスタイルをすっぱり捨ててください。残念なことに、それができないお母さんや、御自身が力尽きたことに気づかないお母さんもたくさんいるようです。それを回避するにはお父さんの目が必要です。「私まだ、力尽きていないかしら」と、時々お父さんに尋ねてください。お父さんから「大変そうに見えるよ」の一言があったら、即、引退です。お父さんが頑張っている場合は、もちろんお母さんが冷静に見てください。

ほとんどの野性の哺乳類は、子育てに失敗しません。理論に基づくのではなく、体が感じる自然の摂理に基づいて子育てをしているからです。子どもに温かなまなざしを注ぎ続けることは大事ですが、お父さん、お母さん自身が無理をしていないかを自分の心と体に尋ねながら、力尽きるまで自信をもって進めてください。

10歳までに両親の愛をたくさんもらっていると思える子は、みな、挫けそうになっても最後までやり抜く力を持っていました。両親の「あなたが生まれてきて良かった」という囁きが心のいちばん大事なところにたくさん積もっているから、困難な問題が目の前にあっても、自然に、自分は大丈夫だと思えるのです。お子さんの誕生日会はぜひ、クリスマス会よりも盛大に行ってくださいね。

中学生Aさんのコメント

今年の誕生日は、例年よりも地味でしたが、親は、しっかりと祝ってくれました。親の気持ちがよく伝わりました。

Aさんの心が、すくすくと育っているのがよくわかります。

3年生の朝の「幸せと感謝」の時間。時々、こんな言葉が出てきます。「昨日、誕生日だったので、焼肉が食べられてよかったです」「お父さんの誕生日だったので、ケーキが食べられて幸せです」ですから、3年生の子どもにとって、誕生日というのは、ご馳走やプレゼントがあるからうれしいのだ、と思っていました。

ところがこの子たちに今年の幸せと感謝トップ50を書かせたところ、第1位に「生まれてきてよかった」とか「生んでくれてありがとう」と書いた子が、31人中12人もいたのです。1位にしなかった子も、ほとんどの子が、上位に同様のことを書いていました。このクラスが、基本的に明るい理由がわかりました。

名前を丁寧に書く

台風の次の日の朝は、学校内を見回りです。1年生の朝顔、3年生のオクラ、5年生のバケツ稲など、強風の中がんばっていたようです。

1年生が朝顔の世話をするために、ジョウロ代わりに使っているペットボトルが何本も遠くまで飛ばされ、運動場の泥にまみれ汚れています。

集めながらふと見ると、1本だけ、泥汚れの下に名前が見えました。指でこすって泥を落とすと、名前がはっきりとわかりました。

最近は、ジョウロらしく水が出るように、専用のキャップも売っており、そのキャップが外れて近くに落ちていたのですが、そのキャップにも、同じ丁寧な字で、しっかりと名前が書かれていました。

朝顔の種を植える前に書いてもらったでしょうから、書いてからずいぶん経っているのに、お父さんかお母さんが書いた名前は、はっきりと残っていました。それで、このペットボトルだけは、すぐに持ち主の朝顔の鉢の横に戻せました。

小学校に入学する時、また、上の学年に上がる春休み、細かい子どもの持ち物一つ一つに名前を書くのは大変ですね。今は、名前シールも売っているので、貼り付けるだけでいいのですが、それでもけっこうな時間と根気がいります。私も妻も、文句を言いながら、書いたり貼ったりした時のことをよく覚えています。

しかしこの持ち物への記名が、子育てにはとても重要です。

理由の一つ目は、名前を意識することが、子どもが一人の人間として生きる最初の儀式だからです。人からきちんと名前を呼ばれたり、自分の持ち物に書いてある名前を見ることで、1年生は、自分が独立した一人の人間であることを知ります。同時に、誰もが自分と同じように独立した人間であることを学びます。自分も含めて、一人一人違う人間だということがわかった時、他人に優しくなれます。それがわからないと、いつまでも人に甘えて迷惑をかけることも起きてきます。また、学校で苗字を呼ばれることで、家族の一員としての認識も高まります。

理由の二つ目は、記名が親の愛情の証になるからです。自分の持ち物、どれ一つとっても、お父さんやお母さんが丁寧に自分の名前を書いてくれている。これほどひたひたと心に染みる愛情は、なかなか他にはありません。

愛情の深さは、その人を思う時間に比例すると思います。その人のことを考えている時間、その人のために何かをしている時間の長さが、そのまま愛情の深さではないでしょうか。名前を丁寧に書いている時間は、子どもを深く愛している時間です。

この2つのことは、今はもちろん、子どもにはわかりません。しかし、本人が気づかなくても、こうして少しずつ確実にふりかけた愛のシャワーは、お子さんを素敵な人にしていきます。

お父さん、お母さん。ご自身は、小さな頃、どんな愛情のシャワーをかけてもらっていましたか。今、お子さんにどんな愛情のシャワーをかけてあげようと思いますか。

親が周りの人に感謝する

忘れ物をした日、家に帰り、「お前のせいで忘れ物をした。どうしてくれる」と母親に向かって言った小学生がいます。この子は、自分が相手に愛を送らなくても、愛され続けると錯覚しているのです。早く修正してやらないと、一生、親以外の誰からも愛されることなく、幸せを感じないで生きることになります。

赤ちゃんは、生きているだけで、人を幸せにします。だから、赤ちゃんは、みんなから愛されます。

でも、言葉を話し始めた幼児には、もうすでに万人から愛される能力はありません。親はいつまでも子どもがかわいいのですが、他人はそんなふうには思いません。言葉はナイフと同じで、素敵な道具にもなるし人を傷つける凶器にもなるからです。

子どもには、言葉を教えるのと同時に、人を愛することを教えなければいけません。愛することのできる人間だけが、愛されるからです。

愛することを教える、といっても特別なことをするわけではありません。お父さん、お母さんが、周りの人にいつも感謝しているところを見せてやればいいのです。

親切にしてくれる人、見守ってくれる人はもちろん、自分と関わりがないように見える人にまで、お父さん、お母さんが感謝の気持ちを持って優しく接していれば、子どもは自然に愛する方法を身につけます。人間というのは、一人では生きられません。一見、関わりがないように見える人も、実は自分の人生を支えてくれていることは多いのです。

第二次性徴前なら、簡単に心の方向を変えてやることができますし、10歳の節目を超えてからでも、まだ、遅くありません。10歳から14歳までの4年間には、こんなことが有効です。

○　幸せ日記を書く（悪いところを振り返る「反省日記」は必要ありません。無駄です）

○　周りの人を褒める習慣を持つ

自分がいかに幸せかを毎日書いていくと、自分が、いかに周りの人に支えられているかに気づきます。

周りの人を褒める習慣を持つと、素直に人の行為をありがたいと思えるようになります。また、同時に、その褒め言葉を自分にも使えるようになります。人をたくさん褒めて、褒め言葉をたくさん知り、褒められた人の笑顔を知っていくことが重要です。

教室では、毎日、朝の会で「幸せ、感謝、尊敬」の発表会をしています。また、5年生、6年生には、日記を書く宿題を出してきました。

読者の方からのお便り

ウチの小5の娘も、一行日記の宿題が出るのですが、ネタが無くいつも同じことを書いているので、「幸せ日記」はとてもいいなと思いました。早速娘に勧めてみます。

教室では、日記のノートを「ハピネスノート」と呼んでいたこともあります。気分の問題ですが、これでやる気が出てくることもあります。

朝の会の「幸せと感謝」というコーナーは、どこかの会社がやっているのをまねさせてもらいました。この24時間に起こった幸せなできごとや、感謝したくなるできごとを、みんなの前で話すコーナーです。

「朝ごはんがおいしかったです」のように、どんな小さなことでも、自分が幸せになったことを言えばいいのですが、4年生でも、「6年生が、みんなのためにプールを掃除してくれたので、6年生にありがとうと言いたいです」と広い目と心で、自分の周りを見ることのできる子が増えてきます。中には、何も思いつかなくて「今日の体育が楽しみです」などと、ごまかしてしまう子もいますが、幸せなら、それでいいです。

朝の会の「幸せと感謝」のコーナーは、6年生がやる時には、恥ずかしがる子もいて、全員の発表は少々大変でしたが、3年生は、全員が次々に話します。

○○君と遊べてうれしかった、朝ごはんが美味しかった、ピアノの先生に褒められた、いろいろなことが毎日子どもの口から飛び出してきます。それを聞いているだけで、こちらも幸せな気持ちになります。

先日A君が「昨日、晴れたからうれしかった」と言いました。

よく聞いてみると、○○君と遊ぶ約束をしていたのに、午前中雨が降っていて、遊べそうもなかった。ところが、遊ぶ約束の時間になったら、突然雨がやんで遊べることになった、ということでした。

そこで私は、「運がいいと思うことは大事なこと」、「人の親切も心にしみるけど、青空を見たり、気持ちいい風に吹かれたりした時に幸せだと思うことも大事なこと」と話しました。

人、社会、自然、自分を取り巻くすべてものに、幸せの種が眠っていることを知ると、人は毎日を幸せな気持ちで過ごし、人生を充実させられると思います。

家では、発表会形式は難しいと思いますが、その代わりに、夕餉の団欒で、今日起きた楽しいことを話したり、日記の宿題の代わりに（メモ程度でいいので）親子の交換日記をしたりするのもよいでしょう。

うれしいやありがとうを、素直に口に出せる子は、周りの人から好かれます。14歳までなら、周りの大人が気を付けるだけで、すぐにそういう子どもになれます。お子さんが素敵なことを言った時、お父さんとお母さんが「そうだね」と言って、にっこり笑うだけでいいのです。

「ありがとう」を数える

「ありがとうと人から言われたら、君は何と返事をしますか」

「どういたしまして、と言います」

「では、どういたしましての前につけるのは、はい、ですか、いいえ、ですか」

教室でこんな質問をしてみます。「どういたしまして」は、一年生でもすぐに出てきます。でも、「はい」か「いいえ」かについては、自信を持って言える子は少ないようです。

「ありがとう」の語源は「有り難い」。こんなことは滅多に起こらないという意味です。「あなたが私にしてくれたことは、滅多にないめずらしいことです」と言って相手に感謝するのです。だから、返事は「いいえ」です。「そんなことはありませんよ。みんながしていることです」と答えます。自分が「ありがとう」と誰かに言ったのは、自分の身に奇跡的に良いことが起きたという意味です。一日十回「ありがとう」と言えたなら、自分は一日に十回も奇跡を体験できるような、天から愛されている存在である、ということになります。

奇跡的に良いことが起こる自分は、幸運な星の元に生まれている、と考えられれば、生きていくのが楽しくなり、意欲的に行動できるようになります。相手に感謝する「ありがとう」は、気づかぬうちに自分のためになっているのです。

先日、総合学習で子どもたちと地下道の掃除をしました。

多くの人が通りましたが、その中で3人の方が「ありがとう」と声をかけてくださいました。そのうちの一人は若いお母さんでした。

赤ちゃんを乳母車に乗せてゆっくり楽しそうに歩いてきたその若いお母さんは、子どもたちににっこり笑って「ありがとう」と言ってくれました。

赤ちゃんは眠っていたようです。でも、このお母さんの「ありがとう」の声は、きっと赤ちゃんに届いています。このお母さんは、こうして歩きながら、素敵な挨拶をたくさんしているでしょう。そのたびにこの赤ちゃんの耳と脳に、お母さんの優しい声と温かな言葉が染み込んでいくのです。

子どもの脳は親の言葉を材料にして、心を作ります。この赤ちゃんは、優しい声と温かな言葉を材料にしてできあがった心を持った人になるのです。

人間は、お母さんのお腹の中にいる時から、声を感じて生きています。14歳までの脳は、まだ100%完成していません。完成はもうすぐですが、もちろんまだ間に合います。お父さんとお母さんの優しい声と温かな言葉で、お子さんの心を完成させてください。

今年の教室にはありがとうポストがあります。ありがとうと伝えたい人に小さなカードを贈るためのポストです。1日分を日直が集め、いちばん素敵なカードは翌日の朝の会で紹介されます。カードはその後、受け取り先の子の元に配られます。

最初は、「○○を貸してくれてありがとう」という個人的なありがとうでした。そのうち、「トイレのスリッパを整頓してくれてありがとう」と公共のために働く友達に気づくようになりました。しばらくすると、ありがとうの後に、「あなたのおかげで教室がとてもきれいになりました」というような一言が添えられるようになりました。

たった2ヶ月の間に、子どもたちは見る目を広げ、贈る言葉を深めました。それがこのカードのいちばんの目的です。

悪いことはすぐに目に付くのに、良いことは見落としてしまいがちです。

良いことに気づく目を持ち、その視野を広げ、それについて自分の考えを持ち、それを相手に伝える。そういう技術があれば、心の中の優しさは、多くの人を幸せにします。

家庭のような少人数の場所では、ありがとうポストはいりませんね。家なら直接言えばいいですもの。でも、作ってみますか。意外な発見ができるかもしれません。

親は何を言えばいいか

「娘の感受性が育ってきたようで、道徳の副読本の感動的な話を読みながら、うっすらと目に涙をためていました」。

Aさんのお母さんから、素敵なコメントをいただきました。何が素敵かというと、まず何よりも、娘さんが感動していることを、お母さんが見つけたということです。

親ならば当たり前だと思われるかもしれませんが、自分の娘や息子が感動している場面に、何度出会えたかを振り返ってみると、実は、なかなか難しいことなのだと分かります。

他の人の心の在り様というのは、自分も同じ感情体験をしていなければ、理解するのが難しいものです。負けたことのない人には、負けた人の気持ちは、本当には分かりません。Aさんのお母さんも、感情豊かな、素敵な体験を重ねていらっしゃるのでしょう。

感動する心は、子どもの中にも自然に生まれますが、それが心に定着して、〝感動する大人〟

になれるかどうかは、周りにいる大人の言葉のフォローで決まります。感動を言葉にしてくれる大人が周りにいれば、それは心に定着し、感受性豊かな大人に育ちます。

お父さん、お母さんも、ぜひお子さんと同じものに感動し、その気持ちがお子さんの心に定着するよう、感動をたくさんの言葉にしてみてください。

とはいえ、感動している子に話しかけるタイミングは難しく、へたに声をかけると台無しになってしまいそうな気がすることも多いものです。そんな時は、例えばそれが本ならば、お子さんの隣りで静かに読み、ただ黙って一緒に味わってみてください。

初めは言葉はなくてもいいのです。同じ時間を過ごすことの積み重ねから、親子の心は、同じ振動で震え始め、一緒に成長できるのだと思います。

一方で、「パパ、お花咲いてる」。子どもに嬉しそうな顔でそう言われたら、黙っているわけにはいきません。親は何と答えればいいでしょう。

まず、とにかく「そうだね」と言うことが大事だと思います。「お花咲いてる」「そうだね」これが、子どもをよい子にする最初の言葉です。

その次には、どんな言葉がよいでしょう。

・きれいな色ね→色彩に気をつける子に育ちます。
・○○という名前だよ→言葉に興味を持ったり、植物学者への道を歩んだり。
・春になったんだね→季節の変化に敏感な子になります。

・笑っているみたいに風にゆれてるね↓詩人、童話作家のような文学の道へ。
・おいしそうだね↓料理家？
そうだね、の次の言葉には、お父さんお母さんの人生、夢、願いが隠れています。お子さんはそれをしっかりと受け止めます。

でも、何はともあれ、「そうだね」。どんな高価な物より価値のあるプレゼントです。

散歩で心のリズムを合わせる

読者の方からのお便り

この3月引越しをする事になり、今もバタバタと準備に追われています。市内の為、自分達で出来ることは、と思い進めていたのですが、忙しさを理由に子ども達の事を見ていず、長男（小1）は体調を崩し嘔吐下痢を繰り返してしまいました。

考えてみれば反省する点が多く、仲良かったお友達と別れてしまう事、また新しい学校に不安も多いのだと思います。体調は戻ったものの心の方は、まだいろんな気持ちを抱えているんですよね。つい、おもちゃの整理はしたの、遊んでないで、と怒ってばかりの自分自身にため息です。こんなでは新しい学校に胸を張って笑って行けないですよね。
今週末には新しい学校にも挨拶に伺う予定ですが親も子も絶不調です。困った〜。先生、何かアドバイスを頂けないでしょうか。よろしくお願いします。

私から

息子さんといっしょに、たくさん散歩してみてください。手をつないで、新しい家のまわりを、何度も。1回の時間は少なくていいですから。
おしゃべりしながらでも、黙っててもいいですよ。同じテンポで動いて、同じものを見て、同じ音を聞くと、二人の心は同じリズムで動き出します。そうしたら、息子さんは、思っていることを素直にお母さんに話すようになります。お母さんも息子さんの話を素直に聞けるようになるはずです。そうした、親子でいる時間の一瞬、一瞬が、お母さんの人生の宝物なんですよ。

いただいたお返事

手をつなぐって本当にいいですね。

子どもと手をつなぎ、自然に歌なんか歌いだしたりして。先生がおっしゃったようにいろいろ話もしてくれました。今日なんか、手伝うよって、ダンボールの箱を運んでくれたり、弟の面倒を見てくれたり、私の接し方が悪かったんだと本当に反省しています。

お風呂の中では手遊びをせがまれ、のぼせてしまうくらいですが、手と手を触れ合うことの大切さを学びました。先生ありがとうございます。

心は体に「乗っかって」います。体が不調の時は、心も塞ぐし、逆に、心の不調を、体を介して治せることも多いようです。

仲良しになりたい人とは、体のリズムを合わせることが大切です。小学生になると、毎日の暮らしの中で親子で一緒に体を動かすことは、なかなかありません。普段は、この重要性になかなか気づきませんが、たまに親子で体を動かす家事をしたり、親子体操教室などで体を一緒に動かすと、心が近づいたような気がしませんか。このお母さんのお話のように気になる状態があったら、ぜひお試しください。

学校で、防災引き渡し訓練を行った翌日「久しぶりに子どもといっしょに通学路を歩いて楽しかった」という感想をいただきました。通学路を散歩すれば、こんな良いことがあります。

○親子で同じリズムの運動をすることで、心のリズムが重なっていく。
○子どもが毎日、何を見て、何を考えながら、学校へ行ったり、家路を急いだりしているかが想像できる。
○通学路の危険個所を改めて発見することができる。
○通学路での季節の移り変わりを子どもに感じさせることができ、通学する時に、少しだけ子どもの楽しみを増やすことができる。
○家の中にいる時とは別の会話が展開するかもしれない。
○いつも怒ってばかりなのに、やさしい母親、父親に、瞬間的になれるかもしれない。
○この散歩で、お父さん、お母さんと話したことを、お子さんは通学中に毎日思い出すことができる。

遠くへ行く家族旅行も楽しいですが、通学路をお子さんのペースで歩くのも、小さな家族旅行です。通学路では、こんなことを考えてみてください。

・お子さんは、朝晩、どんなものを見ていますか。
・風はどちらから、どんな香りを伴って吹いてきますか。
・今、どんな草花が見られますか。
・見上げた空には、雲がどんな絵を描いていますか。

・どんな音、誰の声が聞こえてきますか。
・お子さんは、どんな人から、毎日、笑顔や挨拶をもらっていますか。
・新たな危険個所はありませんか。
・急いで少し走ったら、景色はどんなふうに変わりますか。
・学校の校舎は、希望に満ちた色をしていますか。
・帰り道、家は、どのあたりから見えますか。安心に満ちた色をしていますか。
・安心しておしゃべりしながら歩ける通学路ですか。
・どこで道草したくなりますか。

また、学校まで行ったら、校庭を一周してみてください。お子さんが育てている花や野菜がありますか。いっしょにぶらんこに乗ると楽しいですよ。教室が1階なら、外から覗いてみてください。鉄棒があったら、逆上がりのひとつも見せてやってください。

読者の方からのお便り

今日、引き取り訓練です。小学生を引き取ってから中学生を引取りに行きます。３人で近所を歩くのは、久しぶり。楽しみになりました。

車に乗らなかったときは、基本は子どもと歩いて移動していたのですが、車で移動することが中心の生活になってしまいました。たまに歩くと、車に乗っていては、自然を見ない、匂わない、聞かないで、貴重な機会を逃していると感じます。

子どもへの手紙を、朝、清書する

息子さん、娘さんとの3人暮らしのお母さんから聞いた話です。

そのお母さんが心がけていたことは、普段から、がみがみ細かいことを言わない、ということでした。「お父さんがいれば、ここぞという大事な時には、お父さんがびしっと言ってくれるから、私は安心して普段、細かいことにがみがみ言える。でも、お父さんがいないから、普段細かいことばかり言っている自分では、いざという時に大事なことを教えることができない。それで、少しくらいのことは、目をつぶって、黙って見守るようにした。」とのことです。

さて、どうしても言わなければならないことがある時、このお母さんは、手紙を書くことにしていたそうです。直接言わない理由は、しゃべりだすとそれまで溜まっていたものが全部出てしまい、その時いちばん言いたい大事なことがしっかり伝わらない、という経験をたくさんしたからだそうです。

しかし、その手紙にしても、書いているうちに、やはり、言いたいことが山のように出てきて、長くなってぐちゃぐちゃになってしまいます。かといって、それを我慢しながら整った文を書こうとすると、自分のストレスが溜まってしまいます。

そこでそのお母さんは、夜、子どもたちが寝てから自分の思っていることを、全部手紙に書くことにしました。時には、書ききれないほど、言いたいことがいろいろ出てきました。それを全部書き終わると、自分の中ですっきりしたそうです。

次の日の朝、子どもが起きる前にそれを読み返します。もし、そのまま子どもに渡していたら、余計なことを言っていたなあと反省することが多かったそうです。読み終えると、その中から大事なことだけを清書し、子どもに渡します。何度か繰り返すうちに、子どもたちは「手紙は最終通告」だと感じるようになったそうです。

やんちゃなこともしたお子さんだったようですが、次第に「もうそろそろ手紙が来る」と察するようになり、手紙を書く前に、子どもが自分（お母さん）の言いたいことを理解できるようになった、とそのお母さんはおっしゃっていました。

お父さんとお母さんに「遠い視線」と「近い視線」のような役割分担がきちんとあれば、子育ては力を抜いて楽しくできると思います。

でも、お父さんだけ、お母さんだけしかいない場合は、一人で二つの相反する目を持たなければいけないので、やはり大変でしょう。このお母さんは、そこのところをよく分かって、頑張り続けたのだと思います。

すべての親子関係で、手紙がベストだとは限りません。しかし、このお母さんがしたように、「自分も無理せず（ストレスをためず）、しかも子どもたちに大事なことを伝える方法」を探すのは、とても大事なことだと思います。

○ 親はいつも、相反する見方をする目を、同時に持っていた方がいい。

○ 子どもには、冷静に大事なことを伝えなければいけない。

○ でも、そのために、親自身にストレスが溜まっては、親子共々幸せになれない。

○ 無理しなくても、きちんと伝えられる方法は、必ずある。

子どもの港になる

読者の方からのお便り

今日、3年生の子どもが通知表を持ち帰ります。前期の勉強の頑張りと3年目にして初めて前期一度も休まず学校へ行ったことを笑顔で褒めたいと思います。

毎日、学校へ行くのは、とても大変です。しかし、毎日、4〜6時間分の世界最高水準の教育が受けられる日本の学校には、1日も無駄がありません。ですから、1日も休まずに学校に行けたことを褒めるのは、子どもにとって、とても価値のあることです。毎日学校に張り切って行くためには、まず、何よりも、よく眠ることが大事です。

ぐっすりと眠るためには「安心」が必要です。

小学生のいちばんの心配事は、家族が「仲良し」かどうか、です。家族が仲良しだとわかると安心してぐっすり眠れ、翌朝も元気よく学校に行くことができます。さらに「自分は、こんなに仲良しの家族に生まれて、本当に運がいい」という気持ちが毎日積み重なって、人生に自信を持つことができるようになります。

まずは毎日、学校に通うお子さんを褒めてください。次に、お子さんを元気に送り出す「仲良し家族」を褒めてください。

読者の方からのお便り

今回のメルマガを読み、親の役目を再認識しました。どんなに学校で辛くても、家に帰れば安心できる、大切な事ですね。中学生ともなると、ついつい勉強の事にも口出ししがちですが「港」になること、心がけます。

6年生のAさんの日記

昨日、自分の強みを書きました。友達は「おもしろい、やさしい、笑顔」というのを書いてくれました。私も、やっぱり強みは笑顔だと思います。先生はどう思いますか。

私はAさんを尊敬しています。どんな時も笑顔でいられるからです。大変なこともあったでしょうが、彼女は、いつも笑顔で人に接していました。やさしさは、強さの裏付けがあって初めて持続できるということを、彼女から教わりました。

Aさんのお母さんからは「私の前では、全然違うんですよ」と聞きましたが、それは、お母さんにとって、すごく幸せなことだと思いますと私は答えました。この世界で、たった一つ、Aさんが安心して帰れる港がお母さんだということだからです。

教室は優しさで溢れている

学校でのいじめ問題が心配になることもあるでしょうが、基本的には、教室は優しさであふれています。

クラス対抗長縄跳びの8の字跳び大会というのが、校内で行われます。どのクラスも、その練習に熱心です。

Aさんは、前の人に続けて跳ぶことができませんでした。必ず1回見送ってから跳ぶので、チームの合計回数は、その分、減ってしまいます。「誰かが背中を押してやれば入るタイミングがわかって跳べるようになるかも」という声に、B君が「僕がやるよ」と手を挙げました。

驚くことに、10分も経たないうちに、B君の「どん」と押す力で、Aさんは1回見送らなくても、前の人に続けて跳べるようになりました。さらに驚いたことに、20分後には、B君が軽く肩に手を触れるだけで、タイミングがわかり跳べるようになりました。

多分、一番驚いたのは、Aさん自身でしょう。まさか自分が、みんなと同じように跳べるようになるとは夢にも思っていなかったはずです。

長縄跳びで前の人に続けて跳べる。些細なことのように思われるかもしれませんが、跳べた喜びや、自分でもできた、チームの役に立てたという自信は、Aさんをこれから支えていくはずです。

B君にとって、Aさんの背中を押してやることは、さほど大変な、特別なことではありませんでした。でも、それを買って出て、やってあげることで、B君は一人の人を幸せにすることができました。

人間は例え、周りの人より飛び抜けてできるものがなくても、目の前のことに真面目に取り組んでいれば、必ず、人を幸せにするチャンスが来ます。でもそれは、多くの人と毎日接していなければ、なかなか見つからないものです。こうして学校に通っているからこそ、こういうチャンスに出会えます。

読者の方からのお便り

親としてだけでなく職業的にも参考になります。ほほえましく読ませていただきました。

緊急時には、さらに優しさがたくさん見つかります。

お弁当の日、持ってくるのを忘れる子が時々います。そんな時、優しい先生は、家に電話をかけて、お弁当を家の人に届けてくれるよう頼みます。私は、優しくないので、家に電話はしません。もちろん、子どもにもかけさせません。もし隠れて家に電話をしようものなら、「親を召使いとでも思っているのか」と叱ります。

食事に関する病気を持っている子には毎回の食事はとても重要ですが、健康な子なら一食や二食抜いても大丈夫です。それどころかここが成長のチャンスになります。

黙って放っておくと、周りの子が心配して、おかずをその子に分けてあげています。日頃から友達のために一所懸命頑張っている子にはたくさんのおかずが集まり、みんなのお弁当より多くなっていることもしばしばです。

家に帰ってきたら「お弁当、おいしかった？全部食べてくれて、うれしいよ」と言ってください。もし「困っている友達にあげた」とお子さんが言ったら、どう答えますか。その答えで、お子さんの人生の方向も決まってきます。

読者の方からのお便り

毎回、楽しみに読ませてもらっています。さて、今回、「お弁当、忘れた」という記事を読み、クラスの和を考えて、クラスの子達にも話してみました。まず、賛成か反対か。

その中で、電話をさせないのはなんでだろう。忘れた子はどうするんだろう、が出てきて、説明をしながら伝えていきました。初めは納得していなかった子どもたちもなるほどとなった後、さらにこの学級でもそうしてもいいか尋ねました。「してもいい」ということで、終わりましたが、伝わるものですね。

もちろん、日常の何気ないところにも、優しさはあふれています。

朝の会の「幸せと感謝」のコーナーでは、全員が言い終わった後に、日直当番が「今日のいちばん」を決めて、黒板に書いておくことになっています。最初の頃は、どれを選んでいいかわからなかった4年生も、最近では「6年生が、みんなのために働いてくれるのを見ました」のような、広い見方をしている子の「幸せと感謝」を「今日のいちばん」に選ぶようになってきました。

ところが先週、「今日のいちばん」の黒板に「今日の体育が楽しみです」と書いてありました。「せっかく、良いものを選べるようになってきたのに」と私は思い「帰りの会で、日直に文句を言ってやろう」と考えました。

ところがその黒板をよく見ると、「今日の体育が楽しみです」の下に（Aさん）と書いてありました。それは、Aさんが言った「幸せと感謝」という意味です。

実はその日は、転校していくAさんが、このクラスにいる最後の日でした。Aさんは、毎週体育のハバネロを楽しみにしていました。日直のBさんは、それをよく知っていたのです。Bさんも本当は「6年生が、みんなのために…」というようなものを黒板に書いた方が良いと思っていたはずです。でも、BさんはAさんの言葉を選びました。これを思い切って書いたBさんは、ほんとうに良い人だなあと私は思いました。Bさんがこれを書いたことが、私の「今日のいちばん」になりました。

6年生Cさんの日記

うちには、大きいのから小さいのまで、10匹の金魚が仲良く暮らしている。毎朝餌をあげる時は、みんな口をぱくぱくさせて待っている。今朝、大きい金魚が小さい金魚のために餌を残してやっているのに気づいた。ずっと前から仲が良かったけれど、こんなことは今までなかった。金魚も思いやりを持てるんだと思った。

Cさんのこの3ヶ月の行動を思い出しながら、この日記を読んでいたら、返事の言葉が自然に出てきました。

もしかしたら、これは、金魚が変わったのではなく、君が変わったのかもしれない。

この世界は、優しさであふれていて、身の回りには数え切れないほどの優しさがある。なのに、多くの人はそれに気づかない。

掃除をしっかりやる前より、真面目にやった後の方が、きっと、掃除を真面目にやっている人が誰なのかが、よくわかるようになってくる。トイレのサンダルを自分がしっかり整頓するようになってからの方が、同じことをしている友達が目につくようになる。

この前、君がサンダルをしっかり整頓しているのを見たよ。金魚が優しくなったように見えたのは、君がこの2ヶ月、人に優しさを積極的に贈るような行動をしているからだよ、きっと。進化したのは、金魚じゃなくて、君なんだよ。


Cさんは、クラスの中で目立つ方の人ではありません。でもCさんの行動を見ていると、いつでも人のために働いているのがよくわかります。そのことをみんなの前で自慢することもありません。そんなCさんだから、金魚の仕草が優しい行為に見えたのだと、私は思いました。さらにうれしかったのは、Dさんの日記に「私の理想の人、目指す人はCさんです」と書いてあったことです。

良い所を見つけると悪い所は消える

学校の職員会議で、シャープペンの使用禁止について話し合いました。「どういう理由をつけて禁止すればいいかわからない」という先生がいたからです。

確かにシャープペンは便利だし、デザインもいろいろで持っていると楽しく感じる子もいるでしょう。しかし、芯の折れ易さからペンが垂直に立ち、それによって手首に無理がかかり、そこから姿勢への悪影響が必ず出ます。指に隠れた文字を覗き込もうとして背骨が曲がり、首と手首にかかる余分な力は血流を滞らせ、集中できる時間を短くします。ですから、10歳になるまでは完全に禁止、それ以降も鉛筆を正しく持てない子は14歳までは使わないほうがよいと思います。

先生方は自分なりの方法で子ども達にシャープペンを使わせないよう、さまざまな指導をしています。毎年、違う先生が担任になれば、子どもたちは6年間、同じことを異なるアプローチで考えることを学べます。

「シャープペンの悪い所を取り上げて禁止にする必要はありません。鉛筆の素晴らしさを教えてあげれば、どの子も鉛筆が大好きになって、シャープペンは使わなくなります。私は鉛筆を削るのが好きで、高学年の子どもでも、私がナイフで鉛筆を削ってやるとうれしそうな目で驚いてくれます。鉛筆の匂いも好きです。毎日『鉛筆っていいねえ』と言い続ければ、シャープペンの問題は解決します。」

どうしたらシャープペンを否定できるかと全員が頭を悩ませていた時、この先生は一人だけ鉛筆を肯定することを考えていました。こんな先生に教われたら幸せです。

読者の方からのお便り

おはようございます。今朝届いたメルマガ、シャープペンを否定せずに鉛筆が大好きになるように肯定するってとてもとても共感できたし、人間関係でもとても大切なことだと思い、じーんときました。

やはり、シャープペンだって、長所があるから今まで無くならずにいたわけですものね。でも、それにも増して、鉛筆のココがいいところだね、大好き、ということを伝えることによって自然とシャープペンを使わなくなる。子どもたちは押しつけられてるのではなく、自らが「選んで」鉛筆を使っているという意識のもとで鉛筆を使えますものね。おまけにシャープペンの立場もちゃんと理解できる。

本当に、朝からココロの目まで覚まさせていただきました。いつも素敵なメルマガを有り難うございます。これからも、いろいろなこと、気づかせてくださいね。

良い所を生かせば、さらに子どもは自信を持ちます。自信のある子は自分が大好きになり、人をいじめるという発想をしなくなります。

「6年生の卒業をお祝いする会」という全校児童集会は、5年生が中心となって、6年生に歌やメッセージをプレゼントします。

初めて全校集会を運営する5年生でしたが、体育館の飾りつけ、集会の企画、進行、他の学年との連絡調整など、実行委員会という組織を作って、それぞれの持ち場で全力を出してくれました。

司会進行は、A君とB君の二人です。

A君は機転が利き、元気はつらつと物事を進めます。B君は、臨機応変に行動するのは苦手ですが、しっとりしたナレーションの能力が抜群です。

B君の読むナレーションの原稿は、学年全員で分担を決め、文章を考えました。B君は、家で、お父さんやお母さんに何度も聞いてもらい、練習を重ねました。

A君には台本は用意しませんでした。A君は台本を読むよりも、進行表を見てその場で考え、自分の言葉で話した方が生き生きとし、ちょっとした「事故」にも対応できるからです。

本番では、B君が心に染み入る語りかけをし、A君が段取りよく集会を進め、集会は大成功のうちに終わりました。二人とも自分の力を最大限に発揮してくれました。

子ども達には、何でも経験させたいと思います。でもそれは、手当たり次第何でも、というわけではありません。人にはそれぞれに特性があり、その特性にあったチャンスをもらえれば成功する確率が高くなり、成功は自信を生み出します。兄弟といえども特性は違います。任せて成功する家事も、それぞれ違うかもしれません。

ただ、子どもの場合は、それが永遠に続くものではありません。14歳までの人間は変化の連続ですし、10歳以下なら経験によって180度違う人間になる可能性もあります。今、いちばんできることは何かを見てやり、同時に、想像もつかない可能性を楽しみにする。これが、子育ての醍醐味の一つです。

やさしさレベル3

「いじめをなくそう」と子どもに伝えるのは大事なことですが、「いじめ」という言葉を使う限り、どうしてもネガティブな印象が付きまといます。「鉛筆の話」と同様、いじめについての話も、ポジティブな面に目を向け「優しい人になろう」と語り掛けたいと思います。全校集会では、こんな話をしました。

全校集会で話したこと

私は、小学生の頃、お金持ちになるトレーニングをしませんでした。そのせいで、今も、貧乏です。君は、お金持ちになりたいですか。…じゃあ、私が教えますから、頑張ってやってみてください。トレーニングには、簡単なレベル1から難しいレベル3まで、3種類あります。

まず、レベル1は、目の前にいる人を幸せにするトレーニングです。二つ教えましょう。一つ目は、挨拶をしっかりすることです。君がにっこり笑って「おはようございます」と言ったら、友達や近所の人は、きっと幸せな気持ちになれますよ。今朝、にっこり笑って挨拶した人はいますか。…たくさんいますね。明日も続けてくださいね。

レベル1の二つ目は、困っている人を助けることです。これも簡単ですね。最近、困っている人を助けて「ありがとう」と言われたことがある人はいますか。…これも、たくさんいますね。「ありがとう」と言われると自分も幸せになってしまいますね。

次はレベル2です。これは、相手一人だけではなく、周りの人をたくさん一度に幸せにしてしまいます。これも二つ教えましょう。

一つ目は、ルールを守って道路や廊下を歩くことです。君が廊下を走ったりしないで、右側を静かに歩くと、周りの人が安心して歩けます。教室で勉強している人たちも、静かに勉強できますね。一度に何十人も幸せにできます。

レベル2の二つ目は、授業で発表することです。君が発表すると「ああ、そう考えればいいんだ」と周りの人たちも、君のおかげで頭が良くなっていきます。君がもし間違ったことを発表しても、そこから授業が盛り上がって、君もみんなも頭が良くなります。クラスの人を一度に幸せにしてしまいます。昨日、一度でも、授業で発表した人はいますか。…たくさんいますね。この学校はみんな幸せですね。

さて、最高のレベル3です。これは、今、目の前にいない人を幸せにしてしまうトレーニングです。

一つ目は、トイレのスリッパを使った後、きれいにそろえておくことです。おしっこが漏れそうで、慌ててトイレに来た人を想像してみてください。もし、トイレのスリッパがばらばらになっていたら、それを履こうとする間におしっこが漏れてしまうかもしれません。でも、君がしっかりトイレのスリッパをそろえておけば、その人は、おしっこを漏らさずにすみます。

二つ目は掃除です。毎日掃除の時間がありますが、きれいになるまで頑張っていますか。君がきれいにした場所を見て、幸せな気持ちになる人はいっぱいいるんですよ。掃除の達人になったら、とても多くの人を幸せにできるんです。

今、このトレーニングを始めたからといって、すぐにお金持ちにはなれませんが、今から頑張ってやり方を覚え、大人になるまで続けると、35歳になった時、君は幸せなお金持ちになっています。

6つのトレーニングを教えたけど、どれか一つくらいはできそうかな。…そうですか。それなら大丈夫だね。これからも頑張って続け、たくさんの人を幸せにして、お金持ちになってください。

いじめの問題と同様、「労働」＝「自分の身を削ってお金を稼ぐ」と考えると、働くことをネガティブにとらえるようになります。逆に、「自分の仕事によって幸せになった人が、幸せになった分の報酬をくれる」（収入は「人の幸せの対価」として得るもの）と考えると、働くことが楽しくなります。現在の日本は、こうした考えで仕事ができる恵まれた国です。

読者の方からのお便り

今回のメルマガ、感動しました。最近、少林寺拳法の教え、「自他共楽」（半ばは自分の幸せを、半ばは他人の幸せを）ということをよく考えます。「35歳から始めるお金持ちになる方法」というのがあったら、是非教えてください。でも、やるべきことは、基本的に「小学生」と変わらないですよね。

成長の物差しを持てば、子どもの良い所はすぐ見つかる

6年生Aさんの日記

この頃、お母さんが寝てる時間が多くなっているので、かわいそうだなと思い、たくさん手伝うことにしました。なるべく勉強もがんばろうと思って、一所懸命がんばっていますが、自分もいっしょに疲れてきてしまいました。そこで、お母さんの気持ちが、少し分かった気がしました。

お母さんの様子に気づき、お母さんの手伝いをすることで、お母さんの気持ちに近づく。Aさんは、お母さんの心を自分の中に取り入れて、自分一人の世界から、一つ大きな世界にステップアップしました。

生まれたばかりの子どもは、自分のことしかわかりません。人の立場に立って行動する赤ちゃんはいないのです。でも、人間は、学ぶことによって、心の世界を広げ、人の立場に立って、ものを考えられるようになります。

その心の世界をどこまで広げることができるか。

その心の広さが、人としての大きさなのだと、私は考えています。

この日記を読んだ日の朝の会。「今日の幸せ」のコーナーで、B君とCさんが「昨日、1年生が縄跳びができるようになって、自分も幸せになりました」と言いました。

今年もクラスの子ども達は、確実に心の世界を広げ、大きな人になりつつあります。こういう日は、この仕事をしていて本当によかったと、私も幸せになります。「心の視野」の広さを成長の物差しと考えれば、お子さんを褒める機会は、格段に増えていきます。もしお子さんの言動の中に、その広がりが垣間見えたら、成長したと喜んでください。お子さんの人としての大きさを作っていくのは、お父さん、お母さんの幸せな顔です。

良い所トップ50を書く

いじめは生存競争の表れの一つです。

生存競争は私たち地球の生物のDNAにしっかりと組み込まれています。2つの食べ物に10の生き物が群がれば、争いが起こります。10の食べ物に2の生き物しかいなければ、争いは起きません。それは今の状況に満足しているからです。今の自分は幸せであるという確信があれば、争いもいじめも起きません。

　現在の日本で、食べ物の取り合いでいじめが起こることはありません。でも、いじめは存在します。食べ物の代わりに愛されることを求める生存競争が起こっているからです。

　今の自分に自信がなくて、もっと認められたいと思っている人は、相手を蹴落とそうと考えます。でも、周りの人から認められているという自信がある人は、他人を蹴落とすということを思いつきません。いじめをなくすのに必要なのは、一人一人が自分に自信を持ち、自分が幸せな状況にあると感じることなのです。

　こんなふうになるためにいちばん簡単なのは、周りの人から「愛している」と言われ続けることです。子どもにとっていちばん身近なのは、お父さん、お母さんです。お父さんとお母さんから、毎日、「あなたは大事な人」「あなたがいてお父さんとお母さんは幸せだよ」「大好きだよ」と言われ続ければ、子どもは10の食べ物を持つ2の生き物になれます。

　子どもたちは、この生存競争の話に大きくうなづいてくれました。でも、授業で「親から愛されていると言われなさい」と私が言っても意味がありません。そこでこんな課題を出してみました。

　出した課題は「素晴らしい私と紙に書いて、自分の素晴らしいところを50個書きなさい。素晴らしい順に1位から50位まで順位をつけて」「素晴らしい」を「強み」と表すこともあります。

1位から50位までのますを書いたシートを配りました。まずタイトル「素晴らしい私」と書き、その横に自分の名前を書きます。すぐに自分の良いところを書き始める子もいれば、え〜っと言ったきり、何も書けない子もいます。1位の大きなますから順番に書く子もいれば、なぜか30位あたりの小さなますに最初に書く子もいます。「優しい」と性格をおおざっぱにしか書けない子と、「掃除を真面目にやる」と具体的な自分を書く子がいます。

書く時間が少なかったので、残りは宿題にしました。実はこれも作戦です。親が一緒に考えてくれるという期待ができるクラスだからです。このシートを完成させることで自分に自信が持てるようになる。しかもそれはいちばん身近なお父さん、お母さんが認めてくれたこと。自分を見つめることと、大事な人に認められることの一石二鳥です。

どんなシートができあがってくるのか、楽しみに1週間待ちました。

1週間後、子どもたちのシートには、自分の良い所がたくさん書いてありました。50個全部書けた子が半分くらい、その中のさらに半分の子は、お父さん、お母さんに手伝ってもらったようです。

大人がやってみても、50個書くのは大変だと思います。途中で「自分は良い所がない」とくじけそうにもなるかもしれません。

これを1回目からすらすら書けた子は、今まで家庭で温かく育ててもらい、生きているのに自信がある子です。とても素晴らしいことです。でも、今、全部書けなくても大丈夫です。大

トップ50　　　　年　組

<table>
<tr><td colspan="2">1</td><td colspan="2">2</td><td colspan="2">3</td><td colspan="2">4</td><td colspan="2">5</td></tr>
<tr><td colspan="2">6</td><td colspan="2">7</td><td colspan="2">8</td><td colspan="2">9</td><td colspan="2">10</td></tr>
<tr><td colspan="2">11</td><td colspan="2">12</td><td colspan="2">13</td><td colspan="2">14</td><td colspan="2">15</td></tr>
<tr><td colspan="2">16</td><td colspan="2">17</td><td colspan="2">18</td><td colspan="2">19</td><td colspan="2">20</td></tr>
<tr><td>21</td><td>22</td><td>23</td><td>24</td><td>25</td><td>26</td><td>27</td><td>28</td><td>29</td><td>30</td></tr>
<tr><td>31</td><td>32</td><td>33</td><td>34</td><td>35</td><td>36</td><td>37</td><td>38</td><td>39</td><td>40</td></tr>
<tr><td>41</td><td>42</td><td>43</td><td>44</td><td>45</td><td>46</td><td>47</td><td>48</td><td>49</td><td>50</td></tr>
</table>

トップ50用紙の表の使い方

1　左肩のトップ50の前に「素晴らしい私」「夢を叶えた時の私」「我が家の幸せ」「我が家のこれからの楽しみ」などとタイトルを入れる。
2　どこから書いてもよいし、何度も書き直してもよいが、重要だと思えるものほど、ランキング上位になるように書く。
3　全部埋めたら、自分でながめたり、人に見せたり、みんなで見たりする。

※エクセルで簡単に作れます。
※大きなますには、できるだけ大きな字で書きましょう。
※できるだけ大きな紙を使いましょう。教室ではA3用紙を使用しています。
※50ます全部書き入れた達成感により、エネルギーが湧いてきます。大変ですが、全部のますに書き入れましょう。
※一人書いても、人に相談したり、みんなで協力して書いても、効果が表れます。ボードゲームのつもりで家族で楽しんでみましょう。

人でさえ難しいシートなのですから。

さて、書いてきたシートを使って、もう一つすることがあります。

「自分のシートを机の上に広げて置きなさい。席を立ち、友達のシートを読ませてもらおう。確かにその人はそこが良い、と思った所に赤い星を描こう」

25分間、子ども達は友達のものを読み続け、星を描いていきました。シート全体が真っ赤になる子、あるところに集中的に赤い星がつく子といろいろいましたが、みんなたくさんの星をもらったようです。

「自分に自信持てた？」みんな、にやっと笑いましたが、大きく頷く子はいませんでした。まあ、たったこれだけのことで人生を貫く自信なんて持てるわけがありません。いつか躓いた時、この方法があると思い出してもらえればいいでしょう。

子どもたちが「素晴らしい私トップ50」を書いた時の感想です。

◯　思ったより「絵が得意」に星がたくさんついていて驚いたし、うれしかったです。細かい所（ランクが下のほう）にも星がついていて、みんなが私のことをよく見ていてくれているなあと思いました。

◯　Aさんは50位までほとんどの所にみんなが星をつけていてすごいと思いました。

◯　自分の良い所を書くと聞いてとてもびっくりしました。自分の良い所を書くなんて初めてだったし、書いたものがみんなに認められるか心配でした。でもやってみたら、けっこう良い所が書けたので、自分自身を信じているんだなと感じました。みんなで見合う時も、みんなが認めてくれる所があってよかったです。友達のものを見るとなるほどたしかにそうだと思う所がたくさんありました。だからこのクラスはほとんどの人が自分自身を信じているのだなと思いました。このことを通じていじめがなくなるといいと思います。

○人の良い所なら書けるけど自分の良い所は書きにくいなあと思った。私の素晴らしい所なんて少ないと思っていたけれど、思っていたよりたくさんあった。自分のここが素晴らしいと思う所をクラスのみんなが少しでも知ってくれてうれしかった。みんなが知らない私の素晴らしい所の方が多かったので、そこが伸ばせる所なら伸ばしたいと思った。

○星のついている所が、自分の思っていた場所と全然違いました。書き始めはすらすらと書けたけど、だんだん書けなくなって親に考えてもらったりしたので、もっと自分の素晴らしい所をふやして、すぐに素晴らしい私50を言えるようにしたいと思います。

○「友達が多い」と書いたらみんなが星をつけてくれました。僕には友達が多いとみんなが思ってくれているのでこれからも友達同士で助け合おうと思いました。

○「50個書いて来い」と言われた時、面倒くさいと思っていた。授業の前までなかなか書けなかった。友達に「どのようなことを書けばいいの」と聞くと「委員会がんばってるじゃん」とか「小さい子になつかれやすいじゃん」とか、自分では思いつかないようなことを出してくれた。50個中48個に星がついていた。みんなに認めてもらった気がしてうれしかった。前よりも自分に自信が出てきた。

○親に聞いて書いた所に星があり、自分では思ってもいないのに、みんなは良いと思ってくれていることがわかった。自分で絶対良い所だと思って書いた所にも星がたくさんあってうれしかった。

○自分で「なぜ思いつかなかったんだろう」ということを友達が教えてくれました。

○自分では少ししか書けなかったので、いろいろな人に聞いたら、その人たちの方が私の良い所を知っていたので、うれしかったです。

○次は勉強のことも自信を持って書けるようにする。

○みんなに教えていない所にもたくさん星がついていて、みんな自分のことをよく知ってくれているんだとわかった。

○6年生になる時に、友達をたくさん作りたいと思い努力してきたことをみんなが認めてくれた。

○45個しか書けなかったけど、自分ではよく書けたと思った。前に親に言われたところを書いたら、星がついていて、自分で気がついていない良い所を親や友達が見つけてくれていることがわかってうれしかった。

家族団欒の時間にやってみませんか。

7　反抗期は「たった4年」と頑張りましょう

親への反抗は愛の印

保護者面談で、A君とB君のお母さんから、「反抗期に入ったようで、親に口答えをして困ります。学校でも同じような態度で過ごしていないか、心配です」と言われました。

ご安心ください。A君とB君は、学校ではそんなことはありません。

反抗期といわれるのは、幼児期と、青年期の初めの2回です。第1反抗期は2歳前後、第2反抗期は、10歳から14歳の4年間に当たります。

10歳から14歳は、第二次性徴の始まりから安定という、体にとってはとても大変な時期です。大人になるために大量に脳から分泌されるホルモンを処理しきれず、子どもの心は、何か正体のわからないもやもやしたガスに包まれて、落ち着かなくなります。そのガスは、心に溜めておくことができないので、必ずどこかへ噴出します。一番出やすいのは、最も身近で、最も甘えられる親に向けてです。これが、親への反抗です。10年間、十分に愛されて、親を純粋に頼ってきた証拠です。

A君、B君のように、親に向けてガスが出ている子は、それで十分なので、他の場所で同様のことはしません。ですから、学校でも家と同じような反抗的な態度ではないか、と心配する必要は全くないのです。

ところが、もし何かの事情があって、親に向けてガスを噴出できない子は、他の場所でガスを抜きます。むかし学校で暴れた子たちはみんな「家ではよい子」「甘えられる親が近くにいない」など、家族の中に、ガスの噴出先がなかった子たちです。

10歳を越えても、家で反抗の兆しが出ない場合は、

A　学校など、どこか他の場所でガスを出している

B　ガスが溜まっているのに気づかないくらい何かに夢中になっている

のどちらかです。Bが理想的に思えますが、これはほとんどないと考えて、もし家であまりに「できすぎ君」なら、どこかでガスを出していないか、心配してみてください。

第二次性徴が安定すれば、子どもは、その時点で変わります。この4年間の親への反抗的な態度は、それまでの10年間、精一杯愛した証だと考え、4年間は、長く感じるかもしれませんが、頑張ってください。

子育てには、いろいろなことが起こります。その正体がわからず、いつ終わるかもわからな

いのでは、親もへとへとになってしまいますが「4年ごとの節目」で考えていくと、ゴールも分かって、親も頑張りがきくのではないでしょうか。

本当は気づいているけれど

6年生女子の日記

久しぶりに先生が書いてくれた返事を読み返してみました。すると、2回目の返事の最後に「君のお父さん、お母さんも本当に君のことを大切に思っています。それをいつも心のどこかにしまって生きていてください。」と書いてありました。

私は、母とささいなことでけんかを水曜日にしてしまいました。私はいつも、父と母とけんかしているので、もっと素直にならなければいけけないと感じました。

子どもたちは、親に反抗する自分を上手に扱えなくて、みんな悩んでいます。お父さん、お母さんも、同様のことはありませんでしたか。大人はみんな、自分に反抗期があったことは忘れがちです。よく思い出して、お子さんを見つめてみてください。

反抗期には「放置」と「深入り」

読者の方からのお便り

次男（小6）が、今まで以上に反抗して、暴言やたまに暴力をしています。先生は反抗期の生徒にどのように接していましたか？

息子さんから反抗期の感情をぶつけられているお母さんは、息子さんにとって、最も気の許せる存在だといえます。ですから、お母さんの子育ては、成功していると考えてください。

とはいえ、反抗期の子の相手は大変ですね。

思春期に入った子どもたちと付き合う時に私が一つだけ気を付けていたのは、「放置」と「深入り」のタイミングは外さないようにしようということです。

反抗期に入った子どもは、「放置」と「深入り」の両方を欲しがります。

「深入り」は干渉という意味ですが、干渉というよりも、もっと深くまで関わってほしいと思うことが多いようです。（反抗期の本人自身は、分かっていないみたいですが）

干渉しようとすれば「放っておいてくれ」というし、それを真に受けて放っておくと、「僕のことなんか、どうでもいいと思っているんだ」と干渉を求めてきます。

とはいっても反抗期の子どもは、今、自分がどちらを欲しいのかを言いませんし、それどころか、自分でどちらが欲しいのかさえ分かっていない場合の方が多いでしょう。

しかしよく見ていると、その時に欲しがっているのが「放置」なのか「深入り」なのかが、次第に見えてきます。自分が同じ年頃だった頃を思い出しながら子どもの様子を見ていると、何となく、「放置」と「深入り」のどちらを欲しがっているタイミングなのかが分かってくるようです。

気をつけたいのは、子どもをよく見るといっても、虫眼鏡で観るように近くに寄りすぎると、子どもと同化して、一緒に分からなくなってくることが多いので、少し離れて見ると良いかもしれません。お子さんが10歳を越えたら、オペラグラスを使って、客席から舞台の俳優の表情を見るつもりで、お子さんを見てみませんか。

親も4年ごとに変身して楽しむ

反抗期を迎えるのは、子どもが成長している証ですので、悪いことではありませんが、日々の生活の中では、困ることも出てきますね。その対処法として、一番良いのは、子どもの節目に合わせて、親も変わってしまうことです。

10歳頃まで、子どもたちは「自分の」価値観を持ちません。周りにいる大人の価値観が、子どもの価値観です。子どもは親の価値観という眼鏡を通して、世界を見ているのです。言わば、親は神様と同様です。

「神様」は慈悲深い存在で、大きな愛で子ども達を包みます。でも、神様はとても厳しい所もあります。ルールを守れない時は、びしっと叱ります。

10歳までの子どもには、良いことと悪いことをきちんと区別することを覚えさせなければいけません。温かな愛と有無をいわせない厳しい愛を併せ持つことが、10歳までの親には必要です。生意気な口をきくこともあるでしょうが、最終的には、10歳までの子どもは親の判断に従って生きています。

こうした、子どもが親の言うことを聞く時期は楽なように思えますが、実はこの10年間が、親にとって最も大変な時期です。子どもは「神様の言うとおり」にするので、神様が間違っていたら子どもも間違った人生を歩んでしまうのです。子どもの人生を本気で考えたら、子が10歳になるまで、親は自分の言動に細心の注意を払うべきです。

10歳を越えると子どもの中に親を批判する力が生まれます。

この時に「これまで良い子だったのに、どうして…」と悩まれるお父さん、お母さんが多いようですが、自分の価値観が育ち始めれば、相手を批判する能力も芽生えて当然ですから、これは正常な成長です。

子どもが変わったのですから、親も変われればいいだけの話です。お父さん、お母さんは、「神様」から「あにき」に変わってください。

基本的には「あにき」も神様同様「黙って俺についてこい」です。神様みたいに優しく怖い存在ですが、神様とちょっとだけ違うのは「絶対」ではないところです。「あにき」の言うこと、やることは、基本的には正しい。でも、もっとこうすればいいのではないか、例えあにきといえど、このやり方はベストではないんじゃないか…。

11歳から14歳までの4年間で、大人を見て悩みながら、自由や責任に少しずつ目覚めていく子は、将来自分の人生に責任を持ち、人生を自分で切り開いていきます。この時期は、反抗もしますが、最後はやはり、子どもは親を頼りにしています。

14歳から18歳からは「憧れの先輩」になってください。その頃には、１００％人に導いてもらうのではなく、自ら坂道を登ろうとする気概を持ち始めなければいけません。「憧れの先輩」は「神様」や「あにき」のように、いつも子どもの方を見ているわけではありません。子どもは、「先輩の背中」に憧れ、先輩のレベルに近づきたい、そしていつか、先輩を超えてみたいと思うようになります。

最後に、子どもが経済的に独立したら、「友達」の立場に立って付き合おうと考えれば、親も子も気持ちが楽になります。孫が生まれるころには再び「せんぱ～い」などと頼ってくるかもしれませんが。

こんなふうに、子どもの成長に合わせて親も変われば、親自身も楽になってきます。

では、小学校に入る前はどうでしょう。

「神様」になる前は、「親ばか」でいるのが、いちばんいいと思います。乳歯の1本目が抜ける日までは、ベタベタの親ばかでいてください。お子さんが嫌がっても、遠慮なくベタベタしましょう。

8　テレビやネットは、酒・煙草と同じです

テレビは録画して、大人といっしょに見る

テレビやネット動画は、子どもだけで見ては、ただの毒でしかありません。大人の楽しみであるお酒を子どもに飲ませるのと同じだ、くらいに思っていた方がよいでしょう。

テレビ等は、人類の発明した素晴らしい道具です。道具はしっかりと使いこなせば、人生や生活を豊かにするものです。でも使いこなせなければただの物体です。さらに、使い方を間違えると、人生を壊す凶器になります。その道具が、便利であればあるほど、その危険性は強いでしょう。例えば包丁、マッチ、よく効く薬、原子力発電…。どれも、人間を助ける道具であると同時に、人類を滅ぼす凶器でもあります。

そこでクラスの子ども達には、「テレビは家の人に頼んで録画してもらい、後で家の人と一緒に見よう」と話します。こうすると、良いことが三つあります。

一つ目は、好きな時間に見られることです。生中継でしか味わえない面白さもありますが、同時中継を見なくてもよい番組は、録画して見れば、生活の時間をテレビに合わせる必要はありません。また、見なくてもよい場面をカットすれば時間節約にもなります。

二つ目は、見たい場面を何度も見られることです。読書のように、自分がわかるまで次の場面に進まないという選択ができます。本は自分の考える力のペースに合わせて次のページを自分で開きます。でも、テレビ番組は、見る人の脳の都合とは関係なく、どんどん進んでしまいます。テレビから送られる情報は膨大ですが、子どもが受け取れる情報はほんの少しです。情報を受け取れないまま時間を過ごすと、脳はそのうち停止します。言葉の通じない外国に自分がいると想像してください。最初は、相手の話すことの意味を考えようと必死になりますが、わからない言葉があまりに多いと、あきらめてしまうのは想像がつきます。テレビやネット動画を見ているすべての子どもの脳の中で、それと同じことが起こっています。子どもがテレビを見る、テレビゲームをするということは、無駄な時間を使うばかりか、脳を停止させる習慣をつけてしまうことなのです。

そこで、テレビは必ず大人と見ることが大事になります。見ながらでもいいし、見た後でもいいので、必ずその番組についておしゃべりをする。そうすることで、子どもが見たものは、脳の箱の中にしっかりと入ります。例えばおじいさん、おばあさんと見る「水戸黄門」などは、とても良いと思います。「どうしてあの人はこらしめられたの」から始まり、「紋所って何」、「〝さきのふくしょうぐん〟の〝さき〟って何のこと」…。大人と見ればどんな番組も、知識と知恵の宝庫なのです。

三つ目は「見ない」ことです。録画後、何日かして、見る気が失せている番組は、そもそも見なくてもよかった番組だということになります。何日経っても、見たくてたまらない番組は、その人にとって見る価値のあるものです。

読者の方の感想

確かにテレビは毒ですよねぇ。ただ、私の会社の社員のひとりに、自分の子に全くテレビを見せない人がいますが、変人扱いされています。これが日本の現実でしょうか？

日本人全体を調べたら、テレビを見せない親は、それほど多くないかもしれません。でも、「成功者」とか「幸せなお金持ち」など、調査の範囲を限定すると、その常識は、常識でなくなる可能性が高いと思います。

1　子どもはテレビやテレビのリモコン、ゲーム機を勝手にさわってはいけない。
2　もちろん、子どもだけでテレビを見たり、テレビゲームをしてはいけない。
3　子どもは、親の許可がある時のみ、大人と一緒にならテレビを見たりテレビゲームをしてよい。

こういう「テレビ禁止令」をクラスで出しても、全く関係ないという子がいます。その多くは、「そんなことは絶対無理だから」という子ですが、中には、逆に、うちはテレビを見ないから関係ないという子もいます。

大事なのは、テレビもコンピュータもスマホもみんな道具である、という観念を12歳までにしっかりと植え付けることです。

食卓にテレビはありますか。家族がそろって会話の花が咲き、楽しく食事をするために、テレビやラジオの力を借りる時があってもいいでしょう。

テレビ、ラジオが食卓にあると「家族の会話のきっかけを作る」「家族だけでは話題にならない世界中のことが話題になる」という良い点があります。

ラジオとテレビには「ラジオは見る必要がないので、家族の顔や様子を見る時間が減らない」「テレビは言葉では説明できないものを見られる」という利点がそれぞれあります。

この点を踏まえると、食卓にどちらがふさわしいかといえば、それはラジオです。映像で説明できない分、ラジオはテレビに比べて、想像力や語彙力を必要とします。お子さんがテレビではなくラジオを聞くのを習慣にすると、想像力や語彙力が伸びると思います。食卓では家族の会話の花が咲くのが最高。なんともさみしい時はラジオをつけてみましょう。

学校では、スマホの校内持ち込みを許可すべきだとか、一人一台タブレット端末を持たせようといった声が聞こえてきます。義務教育という理由で、小学校・中学校は一緒に扱われますが10歳までの教育にＩＴ機器は必要ありません。

音、匂い、触感など五感からの刺激は、10歳までの脳の力をぐんぐん伸ばします。そういう大事な10年間に、体の動きを身に付けたり、道具の使い方を覚えたりするのは有効ですが、ゲーム機やスマホの操作を覚えることは、まったく意味がないのです。

機械というのは、人間が使いやすいようにインターフェイスが次々に改良されていきます。ですから、小さい頃、ゲーム機やスマホの扱いが上手でも、大人になって、その技能が有効に使われることはありません。しかも、小さな画面とチープな音質は、脳のほんの一部しか刺激しないので、脳が十分に発達しないまま大人になってしまう恐れがあります。

生まれてから10歳までの黄金の時代に、「自然」「道具」「生のおしゃべり」をふんだんに味わった子は、その後、力をぐんぐん伸ばし、一生使える宝物を持って人生を生きていけます。ですから、10歳以下の子どもには、スマホなどは一切禁止すべきです。学校へ持込みするかどうか、など論外です。

登下校の心配があるから携帯電話を持たせたいという意見があるようですが、登下校の心配を解決する方法には、スマホを使わなくても、もっと良い案が出せるでしょう。

お子さんの未来を考えたら、とにかく10歳までは、電子機器の類は禁止して、できる限り、体と五感を使ういろいろな体験をさせましょう。

ボードゲームや折り紙で子どもの力を伸ばす

保護者同伴でも、小学生が、ゲームセンターやカラオケに行って得になることはありません。カラオケに行くくらいなら、親子でリコーダーを吹いたほうが、よほど音楽の耳が育つし、ゲームセンターでゲームをするくらいなら、トランプなどのカードゲームやボードゲームを親子でやるほうが、子どもの力はよほど伸びます。

カードゲームやすごろく型のボードゲームで使う道具は、シンプルで自然なので、目や耳も疲れず、思考に集中できます。また、ゲームをより面白くするために、子ども自身が新しいルールを付け加えられます。ここが、「人工頭脳」の介在するテレビゲームとは違う所です。

「二つのさいころを二度振って、その合計の5倍の金額を、他のプレイヤー全員からもらえる」などというルールのあるゲームでは、さっと計算する力が付きます。お子さんは、二つのさいころを振った時、目の合計をさっと言えますか。それを2回やって頭の中で足して、5倍した数字を言えるでしょうか。

ボードゲームには、1時間以上のまとまった時間が必要です。家族でやれば、大人と駆け引きをしながら戦略を練るということにじっくり取り組みます。反射的に指を動かすテレビゲームとは全く違い、広範囲にわたって頭を使います。リセットして逃げることもできません。

大人とじっくり話をしたり、じっくり思考する機会はなかなかないものです。時間が取れる日があったら、一度家族でボードゲームをしてみませんか。

読者の方からのお便り

ボードゲームといえば将棋。昨日、息子の同い年で近所の保育園児がママと遊びに来てくれたので初めてやってみました。楽しかったです。クリスマスとお正月は、家族ではまってみようと思います。

そうですね。将棋や碁は、素晴らしいボードゲームです。ちょっと古い人には「賭け事」のイメージがついていて、なかなか声を大にして勧められませんが、私は、4人家族でやるゲームとしては麻雀が良いと思います。お子さんに合わせる必要はなく、お父さん、お母さんの好きなボードゲームで、家族の会話が盛り上がればよいと思います。

手先の細かい作業を必要とする遊びは、さらに、子どもの脳の力を伸ばします。

6年生の算数、速さの学習で、紙飛行機を作って、距離や時間を計りました。よく飛ぶ飛行機を作ってくるように宿題を出したところ、「作ったことがない」という子が、予想外に多いのに驚きました。

はたして次の時間に持ってきた飛行機は、なかなか飛びません。いくら何でも飛行時間1秒では、速さの学習ができません。友達同士で教えあったり、お父さん、お母さんに相談して改良したりしながら、1週間後にようやく体育館の2階から飛ばして、5秒、6秒と飛び続ける飛行機が出てきました。

お子さんと、折り紙で遊んだことはありますか。お子さんは、折鶴を折れますか。低学年のクラスを担任する時は、必ず、授業に折り紙を取り入れてきました。

折り紙のような伝統的な遊びの重要性は、2点あります。

1点目は、シンプルな道具を使うので、体でそれを補う遊びだということです。

折り紙遊びの道具、材料は紙1枚だけ。その一枚に命を与えるのは、指先の細かい技術です。指の動きが脳の働きに大きく関係していることは、研究でも明らかです。

テレビゲームは指先を使うので頭が良くなると主張するお母さんがいました。テレビゲームは道具ではなく、機械です。機械は人間の動きを補完します。ですから、ゲームのコントローラーは、方向も力の加減も、折り紙に必要な繊細さを必要としません。折り紙のようにシンプルな道具と材料で何かを作ろうとする時の繊細な動きと力の加減こそ、脳の力を磨き、その技術は一生使えるものになるのです。

2点目の重要性は、想像力がないとできない、ということです。

紙を1回折る度にどんな形になっていくかを想像できない子は、何度教えても折鶴の折り方を覚えません。折り目を付けた後の形を想像できないので、次に進めないのです。できあがった折り紙が何に見えるかという想像力がない子も出てきたようです。できあがった折り紙を見て、みんなが声を揃えて「パンダだ」と言っているのに、一人だけそれがわからない。折り紙がピンクだからというのがその理由でした。

具体物と抽象物を繋げて考える力は大変重要です。それができないと、小学生のうちに算数がわからなくなります。算数の問題を解く鍵は計算力ではなく、図式化する力にあるからです。

5年生の理科で、食塩と粉状の薬品を使うことになったので、あらかじめ薬品を分包しておくことにしました。理科室に薬包紙が充分にあったので、薬品の方は私が分包し、食塩の方は、子ども達に任せることにしました。

薬包紙の折り方の説明図を見ながら、子ども達は四苦八苦。きれいに折るために、最後まで丁寧にやった子もいましたが、うまくできずにあきらめてしまう子もいました。4年生の新聞畳みでは、ほぼ全員の子が最後まで夢中になったのに比べ、5年生は集中力が続かない子が多かったような気がします。この違いには、いろいろな要因が絡んでいますが、10歳の節目の前である4年生と、後である5年生の差も幾分か関係しているように思えます。

4年生は、新聞紙を畳んだ後、自分の服も「デパートなどの店で陳列されているように」たたむことに挑戦していました。新しい作業において指を器用に使うことは、大人になると面倒なことが多いのですが、子どもは、ある年齢までは、どんなに面倒でも、それを面白がるのではないかと思います。もしかすると、ゲームのコントローラーしか動かしてこなかった子は、それ以上の面倒な仕事はやらないのかもしれませんが。

雨の日や寒い冬の夜、テレビを消して、折り紙で遊びましょう。晴れた日には、紙飛行機を飛ばしてみましょう。お父さんもお母さんも、すごいなあときっと言われます。

空を見上げる

6年生の理科の授業で、「不思議だと思うことをノートに書き出そう」と言うと、「宇宙の果てはどうなっているか」「宇宙ができる前はどうなっていたか」…理科の授業を意識してか「科学っぽい」不思議がたくさん出てきました。

これは良いことなのですが、一つ気になったのは、宇宙についての不思議を書いた子は、星空を飽きるほど眺めたことがあるのだろうか、ということです。宇宙の果てに思いを寄せることは良いのですが、実際に目にしたもの、手にしたものの中に「不思議」を感じなければ、追求の途中で飽きてしまいます。

「空はなぜ青いのか」という不思議を書いた子がいたので、「空は本当に青いか」を確かめるために全員で外に出ました。子どもたちは、「青だけど、いろいろな青だ」と気づきました。

今の子どもたちは、たくさんの知識を持っていると思いますが、自分の目で見て、触れて感じたものは、その中にいくつあるのでしょう。雲が動き、形を変えること、草や葉の形が植物によって違うこと、日向と日陰では肌に感じる温度が全く違うこと…、散歩の途中、お子さんは、どんなことに気づくでしょう。

学校の勉強には「経験をもとに…」というものがたくさんあります。でも子どもの実態を見ると、テレビゲームの時間は延びていますが、現場で体験している時間は、年々少なくなっています。

こんなふうに話を進めると「では、急いでキャンプにでも行って何かを体験させなくては」と焦ってしまうかもしれませんが、その焦りは禁物です。子どものためにといって、親が無理をすることに、成功の可能性はありません。

うまくいくのは、親自身が楽しみにしていることを子どもといっしょにすることです。釣りの好きなお父さんは、毎回お子さんを海や川に連れて行ってください。山登りが好きなら、山に連れて行くだけでいいのです。

街が好きなら、街に連れて行きましょう。街の中でまず、目を閉じてみてください。じっと目を閉じているといろいろな音が聞こえてきます。人の声、車の音、風の音、一瞬突然訪れる静けさ…、スピーカーやイヤホンから流れてくるゲーム音に慣れた耳には、どんな音でもいいので「生音」を聞く必要があります。テレビやゲーム機などのチープなスピーカー、イヤホン、ヘッドフォンなどから出てくる音は狭い周波数の中の音なので、そればかり聞いていると耳の力が落ちてくるからです。

また、例えば、駅や公共施設の点字に、お子さんは触れたことはあるでしょうか。目を閉じると耳、鼻、皮膚などの感覚が鋭くなるので、今まで気づかなかった町の様子に気づくことができます。

目を開けたら、今度は色に注意してみましょう。標識をはじめ、町の中には工夫された色がたくさんあります。それに気づくと「色」が楽しくなります。

日頃親しんでいるものも、見方をすこし変えてやるだけで、子どもは大きな発見をするはずです。街の中で子どもの目と耳に入るものと、お父さんやお母さんの知識や言葉が合体した時に、子どもははじめて「街」を体験します。

出かけるより日曜大工が好きなら、それを手伝わせましょう。手伝った後、ホームセンターに出かけたら、お子さんの目には、ホームセンターがそれまでとは違う世界に映るはずです。

先日、東京の外交史料館というところに行ってきました。全く初めての場所で、その存在すら知りませんでした。

行ってみると、常設展示に驚きました。レプリカですが、日米和親条約や第2次世界大戦の降伏文書が展示されていたからです。教科書やテレビでしか見たことのないものが目の前にあると、これまでとは違った気持ちで、その事象に接するような気がします。今回はレプリカですが、「本物」に触れることの大事さを、改めて感じました。

お子さんは、船や飛行機の大きさを知っていますか。城の石垣の石の大きさを知っていますか。山や海の匂いを知っていますか。

近くにあるのに、思えば実際に行ったことがない、という場所があったら、ぜひ、行ってみてください。テレビを見て「知っている」と思い込んでいたものが全く違うのだと気づくこともあると思います。

子どもは退屈が嫌い

読者の方から

やる気が起きない事でもやるようにするには、どのようなアドバイスをすれば良いのでしょうか？

「褒められるとやる気になる」と、よくいわれます。でも、それは一時的なものです。高価なスタミナドリンクを飲むと一時的に目が覚めるのと同じです。

やる気が長続きする人は一つ、能力を持っています。それは、自分で「遊び」を創造するという力です。「遊び」を「ルール」と言い換えてもいいかもしれません。

自分を楽しませる遊びのルールを自分で創れる人は、やる気が持続します。最初は面白くないと思ったことでも、自分で遊びとルールを創ることで、面白いことに変えてしまうのです。

遊びを創造する力はどんな時に生まれるかというと、遊びがない時です。

日頃テレビゲームばかりやっている子を、1か月、山に連れて行ってゲームのない生活をさせたとします。ゲームがないからといって、1か月間、その子は全く遊ばないでしょうか。そんなことはありません。身の周りにあるものを使って、新しい遊びを始めます。

また、同じような年齢の子がいたら、一緒にルールを創りだします。自分で遊びを考えなければ、そして、友達とルールを創りださなければ遊べないから、自分で考え、創るのです。そんな時は、大人がうるさく言わなくても、「やる気」に満ちています。「遠く」でなくてもいいし、「長く」でなくてもいいのです。日常と少しだけ違う自然のある場所へ行って、「ほったらかし」にしてみませんか。

子どもは「退屈が嫌い」です。こんなふうにいうと、逆に、日程を詰め込んだ方がいいのではないか、と思われるかもしれません。でも「退屈が嫌い」だからこそ、日程を詰め込んでは逆効果になります。日程が詰まっていると、ベルトコンベアに乗って運ばれていくだけで、何も感じず、何も思わず1日を過ごしてしまうのです。

何も決めずに子どもを「自然」の中に放り込んでおくと、子どもは退屈が嫌いなので、必ず何かを始めます。何かを観察し、いたずらし、作り出します。

この能力を身に付けた子は、勉強や仕事でも、遊びやルールを創る力を発揮し、集中して取り組むようになります。でも、ルールが初めから設定されているテレビゲームをやっている子は、この能力がいつまで経っても身に付かず、他のことで、やる気や集中力を発揮することはできません。

今の技術大国日本を創り、支えてきたのは私の親の世代です。私の親の世代が子どもの頃は、テレビゲームはもちろんありませんでした。わずかな遊び道具とたくさんの友達。自分達で遊びを創り、ルールを工夫しなければ遊べなかった時代です。でもその飢餓感が、人間としての能力を高め、日本を発展させる礎になりました。

大人がスマホを握ってゲームをやっているこの時代に、子どもに遊びの飢餓感を持たせることはとても難しいでしょう。でも、難しいからこそ、そして、みんながしていないからこそ、10歳まで、できたら14歳まではテレビゲームをさせない。これは他の人が持っていない大きな能力を養うことになると思います。

9　親が学校と仲良くなると、子どもは安心して学校に行きます

親が先生や友達の親と仲良しなら、子どもにとって学校は安心の場になる

新しい学年になった時、1年間休まずに学校に行く、というめあてを持つ子も多いのではないでしょうか。お父さん、お母さんも学校行事の「皆出席」を目標にしてみませんか。

授業参観日は平日に行われることが多いので、なかなか参加できないという声も聞きます。職場から駆けつけて、授業だけ見て、職場へ急いで戻っていくだけでも大変だと思いますが、保護者懇談会は、授業参観と同じくらい重要だということも、ぜひ、知っておいてほしいと思います。

理由は、主に二つです。

一つ目は、生の情報を手に入れられるということです。

小遣いのこと、ネット利用のことなど、どんな教育書を読んでもなかなか参考にならないの

は、子ども達が「自分たち独自の社会」の中で、独自の価値感をもって行動しているからです。

お子さんがどんな経済活動をしているのか（百円の価値をどう思い、小遣いをどのように使わざるを得なくなっているか…）、ゲーム依存やネット依存が、友達との付き合い方とどれほど影響し合っているかなどは、今、お子さんと関わっている友だちの実情に左右されているのです。ですから、一緒の学級のお父さん、お母さんからの生の情報は、大変重要です。

理由の二つ目は、さらに重要です。

それは、親同士が互いに顔見知りになれる、ということです。

子どもたちは互いにぶつかり合い、いろいろな問題を起こします。

しかし、最初は厄介なものに見える問題も、子どもは、ほとんど自分たちで解決します。そういったぶつかり合いは、子ども達の成長に欠くことのできないものです。

こうした体験を通して子どもが成長するためには、大人の見守る姿勢が大事です。

子ども同士がちょっとした喧嘩をした場合、親同士が仲良しだと、子どもたちはその喧嘩をきっかけに親友になれます。

子どもが、何か問題が起こったと家に帰って話した時、相手の子の親御さんの顔がさっと目に浮かべば、余裕を持って、それを聞き、助言することもできます。また、互いに顔見知りになっていれば、子どものの知らないところで連絡し合い、子ども達の成長にふさわしい解決方法に向けて、子どもを導いてやることもできます。子ども達が大喧嘩をするほど大変な問題になっても、親同士が顔見知りなら、ほとんどのことが上手に解決され、それが子どもの心の栄養にもなるのです。

ところが、相手の子の親を全く知らないと、疑心暗鬼にかられ、子どもの状況とは関係なく、親の心の中で問題が肥大化することも少なくありません。子どもならよくある小さな諍いが、親の疑心暗鬼によって、大問題に発展することさえあります。親同士が知り合いではないと、子ども同士のマッチ一本の火のような小さな喧嘩が、大火事のような事件に成長してしまうのです。こうなると、問題がどのように解決しようとも、その事件は、子どもの心の栄養にはなりません。むしろ毒となるのです。

先日の学級懇談会では、PTAの学級委員さんが考えてくれて、前半は5、6人のグループでおしゃべり、後半を私の話、という構成でやってくれました。何か特別なことをしなくては、と悩んでくださる学級委員さんもいますが、気楽におしゃべりタイムを設けるだけで、きっと、先生の一方的な話を聞いて帰るだけの学級懇談会よりも、仲良しの輪が広がります。

授業参観だけでなく、懇談会まで出席するには、無理をしなければならないこともあると思います。しかし顔を合わせ、声を聞くという行為は、私たちが普段思っている以上に、価値のあることです。親が無理をした分、子どもは大きく成長します。

母は、私と妹が幼稚園から中学校を卒業するまで、授業参観や懇談会にはすべて出席していました。当時のお母さん仲間とは今も仲良しのようです。

母は、私が小学校1年生の時から二十年以上缶詰工場で働いてきました。ベルトコンベアを流れてくる缶に、魚やみかんを詰める仕事でした。そういう仕事をしていて、休みをとるのは大変だったと思います。ですから、1度も懇談会を欠かしたことがないと改めて聞き、本当に驚きました。私が友達といつも仲良くやってこられたのは、このことが大きな要因の一つかと、今、思っています。

読者の方からのお便り

子どもの参観、懇談会は面倒だけれども、何か意味があると思ってなるべく参加するようにしてきました。中学生の子どもは「来なくていい！」といいますが、うるさいババァと思われてもいい、参観、懇談会に行こうと思いました。

読者の方からのお便り

私はフルタイムで働いていますが懇談会は保育所から何とか全て参加してます。恵まれた環境ではありますが休むのは大変です。3時間だけ仕事をして早退したりです。

今回、読んで息子たちに誉められたみたいでとても嬉しくて涙してしまいました。ありがとうございます。まだまだ小学校も長いけど頑張って出席します!!

読者の方からのお便り

先生の悪口やよその子の悪口を言う人が多くて、お母さん同士で話をするのがとても嫌です。

懇談会に出たら、「初めての人」に声をかけてみませんか。今は全体の雰囲気が苦手でも、行く度に一人ずつ素敵な人と知り合っていくと、ある日突然、昨日まで想像もしなかった良いことが起こります。小さなことを積み重ねると、幸せはある日突然やってきます。

役員をやって得をする

ＰＴＡ活動には積極的に参加していますか。ＰＴＡ活動はほんとうに大変な仕事ですが、その分メリットはたくさんあります。

○お父さん、お母さんの友達が増える

一緒に遊ぶだけではない友達。大変な仕事を分け合って、その成果から生まれる喜びも分け合う友達です。心の深い所で結ばれる友達です。子どもの頃は、こういう友達も簡単にできますが、大人になると、こういう友達を職場以外で作るのはなかなか大変です。

お父さん、お母さんが、友達が増えて楽しそうにしていれば、お子さんも学校で友達を作りたくなります。もともと、子どもは友達を作る天才です。お父さん、お母さんが友達と楽しそうに仕事をしていれば、子どもはそれ以上の友達を作ってきます。

○子どもがお父さん、お母さんを見る

仕事をしているお父さんやお母さんの姿を見る機会のない子は多いと思います。みんなのためにボランティア活動をしているお父さんやお母さんの姿も、めったに見られないでしょう。

ある年の運動会、前夜までの雨のために運動場がぬかるんでいた朝、なんとかその日に運動会をしようと、早朝から職員総出で砂をまきました。ＰＴＡの役員さんも朝早くから出てきて、職員以上に頑張ってくれました。

ある役員の息子さんが、「お父さん、かっこいいなあ」とつぶやきました。そう思ったことを、彼がお父さんに伝えたかどうかはわかりません。でも、彼の心には、確実に

「お父さんはかっこいい」という意識が芽生えました。

○親にとって、学校が、より安心できる場所になる

本部役員さんとか部長さんとかいう、少し責任の重い仕事をすると、教職員と話す機会が格段に増えます。そうすると、今まで子どもの目を通してしか知らなかった「今、学校で起こっていること」が、よりはっきり分かってきます。知りたいのに知らない。これほど不安なことはありません。

学校の現状を深く知れば誤解が解けることも多いし、批判がある場合も、より的確になると思います。学校や教職員も絶えず進化したいと思っていますから、的確な批評は、学校や教職員にとってもありがたいものです。

親が楽しそうに頑張っている姿を見せる。これも子育てに大事なことです。

学校へ戻す手紙は、ラブレターのように丁寧に書く

先日、ＰＴＡ主催で「なかよし学校」という行事が行われました。子どもたちは楽しみにしていますが、運営するお父さん、お母さんは、その分大変です。

行事が終わった後、保護者アンケートがあり、子どもたちが学校に持ってきました。一番最後の欄は、「その他、ご意見があったらお書きください」です。

そこを見ると、残念ながらクレームや要望だけが書かれたものもありました。しかし多くのお父さん、お母さんが「役員のみなさん、お疲れ様でした。うちの子は、とても楽しかったと言って帰ってきました。大変なお仕事、本当にありがとうございます」などと書いてくれました。意見を求められた時に、まず感謝の気持ちが浮かぶことは、本当に素敵なことですね。

子ども達が学校に提出するものですから、子どもは自分の親が何を書いたのか、しっかりと見ています。感謝の言葉が書かれたアンケートを見た子どもは、感謝の気持ちを持つことを自然に学びます。そんな子は、周りの人や家族に感謝できる人になります。

書く機会があったら、大事な人へ出す手紙だと思って、その一文を書いてみてください。

私の勤めていた学校の5年生は、無料で田植えや稲刈りの体験をさせてもらい、その上、穫れたお米がもらえるという恵まれた環境にいました。地域のみなさんの学校へのご協力のおかげです。

さて、さっそくいただいたお米を子ども達に分けて、家で食べてもらいました。感想を書く紙には「家の人から」という欄も作りました。うれしいことにお米を分けた翌朝には、何通もの感想用紙が、教室に提出されていました。

子どもたちがお米を持ち帰ったのは夕方です。多分、夕食の準備には間に合わない時間です。ですから、最も早い子でも、感想用紙の提出は翌々日だろうと思っていたので、驚きました。夕飯には間に合わなかったので、翌朝すぐに、炊いてくれたようです。

翌々日には、全員の感想用紙が集まりました。

「味はもちもちしていて、うま味があり、見た目はつやつやしていて、とてもおいしかったです」という新米を堪能してくれたのがわかる感想はもちろんのこと、「普段経験することのできない田植えや稲刈りを体験させていただき、本当にありがたいです」「農家の人たちの苦労を勉強させていただき、普段、何も思わない食事のすべてに感謝の心が出来たと私達もうれしく思います」というように、田んぼを貸していただき指導してくださった農家の方への感謝の言葉も、たくさん書かれていました。

中には、お米の味を子どもたちにわからせるために、わざと、おかずなしの塩むすびというメニューで食べてくれた家もあります。

このことを、子どもたちは全部見ています。うちのお父さんとお母さんは、すぐにお米を炊いて食べさせてくれた。自分がお米の勉強をしたことを、自分のことのように一緒に喜んでくれた。お父さんとお母さんが、感想をすぐに書いてくれた。こういうことを、いつも目の当たりにしていれば、子どもも「親にすぐに応える」子になります。

「本読みカード」は毎日提出させている宿題です。本の音読を家族に聞いてもらうのが目的ですので、親の印を打つ場所もあります。印を打つだけなので、欄は小さいのですが、時々、そこに一言書いてくれるお父さん、お母さんがいます。

先日は、「渡された封筒のあて名が素晴らしい字で感動しました」と書いてありました。その封筒の宛名は私が書いたものではなく、隣りのクラスの先生が書いたものでしたので、早速、隣りのクラスの先生に話すと喜んでくれました。

人を褒める言葉はいろいろありますが、何と言えば良いのか迷った時は、この「感動した」は、なかなか便利です。小泉首相が使っていた時は、流行に乗っているようで使いにくい言葉でしたが、もう、大丈夫でしょう。

「本読みカード」のような、毎日親が印を打つような宿題はありますか。そういう宿題は、もちろん、印を打てばいいのですが、こんなふうに時々、言葉を添えるのも、親のやる気が先生に伝わって、いいものです。

印の代わりに、毎日かんたんなイラストを描いてくれるお母さんもいました。この宿題を大事にしてくれているんだなあと感じました。

お父さん、お母さん、おじいさん、おばあさん、お兄さん、お姉さんまで巻き込んで、家族みんなで日替わりでサインをしてくれた家もあります。この子が家族みんなから大事にされているというのが、このカードからは、よくわかります。

提出物をすぐに出すことも重要です。

新しく赴任した学校で、子どもと出会った初日、学年全員の子どもが誰一人として1枚も忘れず、書類を提出してくれたことがありました。

「緊急連絡カード」など、一人5種類の書類が、一枚の漏れもなく集まりました。この学校に着任したばかりの私は「この学校の子どもはしっかりしている」「保護者も学校を理解し協力してくれる」という印象を持ちました。

つまらないことのように思われるかもしれませんが、これだけで「よ〜し、この学校でも頑張ろう」と思えるのです。それは「子どもも、保護者のみなさんも、自分の教育を正面から受け止めてくれるだろう」と感じるからです。

お子さんが学校から、どんな「おたより」を持ってくるのか、毎日欠かさず確かめてください。折り返し学校に提出すべき書類があったら、1日も早く提出してください。

1年間、子どもたちは「よい子」でいられる日ばかりではありません。でもそういう日でも、「この子のお父さん、お母さんはよい人だから」と思うと、その子を安心してゆったりした目で見ることができます。お父さん、お母さんのほんの少しの気遣いが、お子さんの印象をよくして、担任の先生の「眠っている能力」(笑)を呼び覚ますのです。

赴任初日にこんな良いことがあったので、その後も、この学校の良いところが次々に見えてきました。最初の印象というのは、本当に大事だと思います。

家庭訪問や面接では、上手に自分の子どもを褒める

家庭訪問や面接では、「お子さんの良い所を教えてください」と前もってお願いしています。お父さんと話し合い、10分では話しきれないほどたくさん子どもの良い所を紙に書いて準備してくれるお母さんもいますが、ほとんどのお母さんは、「さあ、どうでしょう。良い所と言われても困ります」とおっしゃいます。「上手に言わないと相手に嫌な感じを与えるのではないか」と心配なのかもしれません。

でも、お父さん、お母さんから「うちの子は、本当にいい子で…」と素直に言われると、聞いているこちらもうれしくなるものです。「私が仕事の都合で帰りが遅くなった時には、家事をどんどんやってくれて、本当に助かります」とおっしゃったお母さんの顔や声音には、娘を持った「幸せ感」が溢れていて、聞いている私も幸せになりました。

「うちの子の良い所、と言われて何も思い浮かばなかったのですが、先日、とってもうれしいことがあったんですよ」と、そのお母さんは話し始めました。

「夕食の支度をしていたら、急に、手伝うことない?と言って、テーブルを拭きはじめました。今まで、こんなこと、なかったような気がして、とてもうれしかったです」

実は、私もこのことを話したいと思っていました。その子は、給食の時、一所懸命働く姿が

素晴らしいのです。どうすればこんなふうに進んでみんなのために仕事をするようになるのか、家庭教育の秘密を聞きたいと思っていました。

きっとこの子は以前から、きちんと家の仕事をしてきたはずです。でも、お母さんにこういう言われ方をすると、まるで、私が担任するようになってから、その子が成長したような気分になって、ちょっとうれしく感じます。

でも何よりも素晴らしいのは、自分の子の良い所を見つけた時に、うれしかった、という言葉で表しているところです。子どものおかげで自分の今が本当に幸せだ、と思うことが、子どもの自慢を素敵な言葉で表すこつのようです。この子がいて自分は本当に幸せだ、という気持ちで心をいっぱいにして先生と話してみてください。お子さんの素晴らしさは、先生にまっすぐ伝わるはずです。

また、「同じクラスの◯◯君は、いつも元気に挨拶してくれて、本当によい子なんですよ」と他の家の子を褒めるお母さんもいました。「自分の子の良い所は、なかなか言ってくれないけれど、他の子どもの良い所を見つけるのが得意なお母さんだから、きっと自分の子の良い所も、しっかり観ているのだろうな」と思えてきます。

とにかく、「この子がいて、私は幸せ」という気持ちをいつも心に置いて、お子さんのことを話してくださいね。幸せな気持ちが伝われば、聞いている人も幸せになれます。親自身も意識していない幸せの「気」を、毎日浴びている子は、必ずよい子に育ちます。

年度初めに、新しい先生との面接や家庭訪問がある場合は、こんなことにも気を付けると良いと思います。

①　笑顔で話す。

家庭訪問は、たった10分程度。その日にどんな嫌なことがあっても、10分間は笑顔でいましょう。この10分間の印象は、1年間、担任の先生の心に残ります。

②　悪口を言わない。

他の先生、他の子ども、それから自分の家族、誰に対する悪口を聞いても、いい感じはしません。「今年はこうじ先生で本当によかった。昨年の○○先生といったら…」なんてことを聞かされたら、「きっと来年は次の担任に、自分のことをこんなふうに言うんだろうな」などと思えてきます。

③　学校での様子はどうですか、としつこく聞かない

年度初め、担任には出会ったばかりの子どもの本当の様子はわかりません。こういう質問をこの時期にして、すらすら担任が答えるようなら、お子さんは、よくも悪くも（特に悪い方で）よほど目立つ子だということです。「友達と仲良くしていますか」という質問もよくされるのですが、はっきり言ってわかりません。授業の様子なら少しはお話できますが、この忙しい時期に、休み時間の子どもの様子まで把握できるのは、神様

レベルの先生です。学校の様子をしつこく聞くよりも、担任の質問に答えて、家の様子を伝える方が、子どものためになります。1学期が終わった頃には、どんどん学校での様子を尋ねてみましょう。

先生が間違っていたら、間違っていると言う

読者の方からのお便り

私自身、誤答は消さずに余白にやり直しなさいと教わってきたので、子どもにもそうするように教えていました。2年生の次男の担任の先生は、宿題でもテストでもとにかく間違っていた答えは消して書き直しなさいという指導をするらしく、そういうやり方だと本人がどんな設問でどういう間違え方をしたのかということが分からなくなってしまうのに…と、この一年間ずっとモヤモヤした気持ちでした。本人も誤答は残しておき、余白にやり直す方がしっくりくるようなのですが、そうすると先生に「消して書き直しなさいって言ったでしょ」と注意されるそうです。

子どもの成長や、幸せを願うのは、親も教師も同じですが、細かい部分では、家庭の教育方針と学校や担任の先生の方針が異なることは、よくあることです。

この時にやってはいけないのが、先生や学校を、子どもの前で否定することです。

特に10歳以前に、「この先生の言うことは間違っている」とか「学校のやり方はおかしい」と子どもの前で言ってしまうと、子どもは「学校で教えてくれることは価値がない」という考えを持ちます。一度そうなってしまうと、子どもは学校で勉強することが無駄だと感じ、勉強をしない子になります。

ですから、この時期に、学校や担任が「カラスは白い」と言ったとしても、子どもの前では、「先生は白いカラスのことまで知っていて、すごいね」と言っておくのが、最もよい対応です。

しかし、先生や学校の方法でおかしいと思うことに関しては、そのままにしておいてはいけません。担任への注文、クレーム、どれもOKです。ご家庭の教育方針と合わない部分は、何度でも担任と話し合い、すり合わせを行い、最も良い道を探すべきです。でも、絶対にお子さんにわからないようにやってください。まず、子どもにわからない所で、「間違いを消しゴムで消す方法が本当に最もよい方法なのでしょうか」と先生に相談してください。

子どもが小さなうちは、子どもに知られずに先生と連絡をとることは、さほど難しいことではないと思われます。もし、ＰＴＡの仕事を何かしていたら「ＰＴＡ役員の仕事で、今日は学校へ行くよ」と言えば、お子さんに気づかれずに、先生と話ができます。せっかく大変なPTAの仕事をするのですから、PTA役員のメリットを最大限に使ってください。

先生が忙しくて、すぐに応じてもらえない場合は、緊急措置として「この間違いノートは、まだ先生が、みんなには秘密にしているから、うちだけ先にやってしまおう」と、お子さんと「秘密」を共有するという方法もあります。ただし、これはあくまでも緊急措置ですので、担任の先生とは、いずれきちんと話し合ってください。

子どもが担任の先生を信頼できれば、学校でも勉強に励みます。新学期初日に、親が最高の演技力を発揮すれば、子どもは先生を信頼します。

「担任の先生はどなた?……そう、よかったねえ。この先生ならお父さんもお母さんも安心だよ。お前も同じクラスのみんなもラッキーだねえ。ほんとうに良かったよ」

この言葉をお子さんが思わずにっこりとしてしまうように言えれば、1年間、お子さんは元気に学校に通い、進んで勉強します。

「やさしそうな先生だったよ」

○　がんばれば、褒めてもらえるね

×　いたずらっ子をしっかり叱ってもらえるか心配だね

「こわそうな先生だったよ」

○　正義の味方になってくれるね
×　叱られないか心配だね
「若い先生だったよ」
○　いっしょに何でもやってくれそうだね
×　授業がちゃんとできるのかしら
「校長先生くらいの年の先生だよ」
○　何でも知っているから安心だね
×　親も話しにくそうで大変だ

新学期初日に学校から帰ってきたお子さんの言葉に、ぜひ、上手に返事をしてください。お子さんに教えなければいけないのは、「自分は、よい人と出会う幸運に恵まれているという気持ち」です。小学生のうちにこの気持ちを心にしっかり入れることで、将来出会う貴重な人たちとのつながりを、お子さんは大事にするでしょう。

担任への不満は少なからず出てくると思います。それは必ず担任に知らせてください。でも、子どもにそれを知られてはいけません。

親は縦の軸、先生は横の軸で子どもを見ている

ある全校集会で、Aさんは「お礼の言葉」を言う役になりました。その時、Aさんのお母さんからこう言われました。「Aは、どうして全校集会でピアノ伴奏をやらせてもらえないのですか。学校では個性を尊重しないのですか」

個性というのは、とても大事な言葉です。個性があるから社会が成り立つのであり、個性があるから夢も叶うのです。

でも、大事な言葉であるがゆえに、周りの大人が個性という言葉の意味を取り違えていると、子どもの未来を狭くしたり、潰してしまったりします。

たとえば、B君が野球で4割打者だったなら、B君はとてもよい打者で「攻撃の人」ということになります。しかし、B君のいるチームの他の8人の選手が、全員6割打てる打者で、しかも、みんな守備がB君より下手だったらどうでしょう。そのチームにいる間は、B君は「守備の人」として、個性を輝かせるのです。このように、個性というのは、今いるチームの性質によって、正反対にもなってしまいます。

この話をすると時々、間違えられるのですが、これは自分の主張をするな、という意味ではありません。子どもたちは、無人島で生きているのではありません。今の日本で夢を叶えるに

は、チームで頑張ったり、いろいろな人とのつながりを大事にすることが重要です。チームで発揮できる力こそ「個性」だといってもいいのかもしれません。

Ａさんはピアノのとても上手な子でした。でも、その全校集会での歌の伴奏は、他の子でもできるものでした。Ａさんはピアノが上手であるだけでなく、相手の心に届く話し方ができる能力がありました。相手の心に届く話し方という点で、Ａさんを越える子は一人もいません。Ａさんが、この集会で使うべきは、そちらの能力だったのです。

親は、子どもがどんなことにがんばってきたのか、どんなことが得意なのかをよく知っています。垂直方向で子どもを見ることが得意だということです。でも今、子どもが置かれている「社会状況」を見ることはどうでしょうか。先生の方が親よりも子どもを取り巻く「社会状況」がよく見えています。また、担任は、○年生はこんなことができるようになります、といった平均的な子どもの姿をよく知っています。先生は、水平方向の見方が得意です。ですから、担任の先生は水平方向に見るのが得意だと知った上で話を聞くと、役に立つ情報が得られます。

親が「こんなふうに育ってきた」という垂直方向だけを見て、平行方向の情報を知らないと子どもの「がんばりどころ」のタイミングを見失います。かといって、生半可な情報をもとに平行方向に見ようとして「もう○年生なのに、こんなこともできない…」などと焦っては、かえって無駄なプレッシャーを与えることになりかねません。

お父さん、お母さんは、ずっとお子さんを垂直方向に見守ってきているので「うちの子は、こんなふうに育ってきました」という話を、担任の先生に伝え、先生からは、正確な水平状況を聞いてください。担任にとって「垂直な見方」は指導に生かせる大事な情報なので、それが分かればより正確な助言をしてくれると思います。

「顕微鏡と望遠鏡」の見方同様、子育てでは垂直と平行という二つの違った見方を知っていることが重要です。そのためには一人で頑張るのではなく、子どもを取り巻く大人みんなで手をつないで子どもを育てることが大事です。

また「個性」は、一人に一つではありません。今まで以上に周りの人の声に耳を傾け、お子さんの個性を、たくさん見つけてみてください。そうすることで、お子さんの未来が大きく門を開くことは間違いありません。

読者の方からのお便り

教歴の長い先生でないと分からない、親とは違う垂直な見方もありますね。今こんなことを教えると、将来どんな形になって現れるか…親には見えにくいこともあります。

第二章 —— 小学生は、どんなふうに勉強させればよいか

1　学習の基礎力をつける

基礎学力は4つ　言葉、計算、好奇心、喜び

「基礎学力とは何か」と調べると、いろいろな意見がありますが、私は、この4つが、基礎学力だと考えます。

○たくさんの言葉が使える

これは、日本語をたくさん知っているということです。考える道具は母国語ですから、14歳までは、日本語でしっかりと考える力を養ってください。大人との会話は、子どもの語彙を増やす最も良い方法です。

○3年生までの四則計算が頭の中で一瞬でできる

どんなことも作業に集中し、創造力を発揮するためには、道具が手になじんでいるこ

とが重要です。算数では、計算力も道具の一つです。道具は10歳までなら、本人が苦労しなくても身に付けられます。「道具」と「機械」を区別し、10歳までは「道具」を手になじませてください。パソコンやスマホは「機械」です。

○未知のものを楽しいと感じる

好奇心に危険はつきものです。10歳までは、親の許容範囲でいいので、できるだけ冒険をさせてください。

○できるようになる喜びを知っている

何かを成し遂げたら、10歳までは、「天才だね」と褒め、11歳からは「努力の成果だね」と褒めてください。

「実に面白い」を口ぐせにさせる

「実に面白い」…テレビドラマ『ガリレオ』で福山雅治さん演じる主人公の台詞です。

4年生の算数の授業中に、ちょっとした難問を出題しました。こういう時、「できるわけない」とあきらめる子が出てきます。そこで、「ガリレオの福山さんをまねして、実に面白いとつぶやきながら問題を解こう」と子どもたちに言いました。

さすがに、この授業中に解ける子はいませんでしたが、子どもたちは授業時間いっぱいまで、考え続けることができました。さらに、翌日、Aさんが、「先生、わかったよ」と、うれしそうに言いにきました。「実に面白い」の効果が出たようです。

読者の方から

素敵なアイディアですね。自分はガリレオファンなのに気付きませんでした。うちの子にもやらせてみたいです。福山みたいにかっこよく言ってくれるかな?

「かっこよく言う」は、大事なことですね。かっこよく言えたと自分で思えば、もう一度言いたくなります。どんなことも、繰り返し取り組めば、必ず成果は出ます。特に小学生は、すぐに効果が表れます。

集中させる一言

勉強に真面目に取り組めない子が「集中して勉強しなさい」と言われることはよくあります

が、真面目な子ほど、集中できなくなることもあります。
例えば、足を速くするためのスキップ練習には、
・一歩一歩を高く跳ぶ
・腕の振り方を正しく美しくする
・上半身をリラックスさせる
・足の裏の使い方に気を付ける
など、多くの注意点があります。

真面目な子は、同時にすべてを大事にしようとするので、時には「虻蜂取らず」になります。ですから、ここでは、自分に必要なポイント一つだけを考えて練習しなさいと伝える必要があります。「どれも大事なことだけど、いちばん大事なこと以外は、今は忘れていいんだよ」と言ってやることが、集中させるために、時には必要です。

脳の仕組みを知れば、子どもは自分で勉強方法を考える

脳の仕組みを教えると、子どもは勉強をやる気になり、自分で勉強方法を考えようとします。脳科学の専門家から見ると見当違いなことも含まれているかもしれませんが、脳の仕組み

をこんなふうに子どもに話してみるのはどうでしょう。

教室で子どもに話すこと

君がライオンなら、生きていくために、強い足と鋭い牙と爪を鍛えればいいのですが、君は人間だから、脳を鍛えましょう。脳は、人間が生きていくためにいちばん大事な道具です。では、脳の仕組みを話すので、これを使って頭を良くしてください。

★「脳は、記憶の箱の集まりでできている」

脳は、細胞という小さな箱がたくさん集まってできています。箱は最初は空っぽです。でも、花の名前を一つ知ると、「この花は、桜という名前だ」という知識が一つの箱の中に入ります。

せっかく入った知識がこぼれてどこかに行ってしまっては困るので、その箱はすぐにふたを閉めます。次に、「この花は何ですか」と質問されると、その質問の声にふたがノックされて、パッと開き、箱の中の知識が出てきて「桜です」と答えられるわけです。答えると、ふたはまたすぐに閉まります。

君が覚えたことは、一つ一つ、こうして脳にしまわれて、使われるのを待っています。

ところが、覚えたはずなのになかなか思い出せないこともありますね。それは、脳から消えてしまったのではなくて、ふたが開かなくなってしまったのです。ふたは、閉めたまま放っておくと、錆びて開きにくくなってしまいます。

古い箱のふたほど、錆びて開きにくくなるかというと、そうではありません。古い箱のふたでも、時々開けてやれば錆びつかないので、箱の中はすぐに見ることができます。新しい箱でも、一度もふたを開けずに閉めたままでいるとふたはすぐに錆びてしまいます。

君は昨年の誕生日の夕食のメニューを覚えていますか。大丈夫ですね。では、ちょうど1ヶ月前の夕食は覚えていますか。こちらは、覚えていないようですね。誕生日というのはうれしいから、きっと何度も思い出して、脳の箱のふたを開けたのだと思います。それに比べて1ヶ月前の日のことは、その後、一度も思い出さなかったのでしょう。古い箱のふたほど早く錆びつくのではありません。ふたを時々、開けてやることが大事です。

これを利用すれば、大事なことは上手に覚えられます。例えば、今日覚えた新しい漢字。家に帰ったら、一度書いてみましょう。これで一度ふたが開きます。もう一度、土曜日か日曜日に書いてみましょう。これで、ずいぶんふたはスムーズに開くようになるはずです。日記を書く時にその漢字を使えば、もう、完璧に覚えられます。

★「脳の箱は、使えば使うほど増える」

君の脳には、まだ空き箱がたくさんありますか。それでは、今日もたくさん、その箱の中に新しいことを入れてしまいましょう。頑張りすぎて全部の箱に入ってしまったら、困るから勉強はほどほどにするですって?心配いりません。脳の箱が足りなくなったら、箱はどんどん増えるからです。

人間は、毎日の食事から栄養を摂っています。その栄養で体を動かし、体そのものも作っているのです。脳の箱も、この栄養でできています。

1日たっぷり勉強して、その日のうちに脳の箱を全部使い切ってしまうと、「大変だ。明日の分がなくなってしまった。眠っている間に栄養を脳にまわして、新しい箱を作ろう」と君の体は考えます。でも、しっかり勉強しないで、空のままの脳の箱を残しておくと、「今日は、使っていない脳の箱が残っているから、栄養は他の場所にまわそう」ということになり、脳の箱は作られません。

もちろん、脳にばかり栄養を使ってしまうと、体が大きくならないので、君の体は、毎夜、栄養をどこに使えばいいか、一所懸命考えています。これ以上動けない、というくらい、へとへとになるまで運動した日は、体中の筋肉を強化するために栄養は使われます。つまり、栄養は、体の足りないところに使われるということです。だから、1日たっぷり勉強して、へとへとになるまで外で遊びまわると、頭も体も次の日にはグレードアップするわけです。

思い切り食べて、思い切り勉強して、思い切り動き回って、ばったりと眠る。これだけで、君は、毎日毎日素晴らしい人間になっていきます。気を付けなくてはいけないのは、思い切りやらなかった日です。勉強と外遊びを思い切りやらない日は、食べた栄養は、使う場所がないので、うんちになって出て行ってしまうか、体の中に脂肪というものになって貯まります。脂肪が貯まるとどうなるかは知っていますよね。だから、毎日、目の前にあることに全力で取り組んで、ばたんと眠りましょう。

★「中学生より幼稚園児の方が良い脳を持っている」

ところで、幼稚園の子の脳と、中学生の脳とどちらが良い脳だと思いますか。中学生だと思うでしょう。でも違います。たとえば、ポケモンの名前を、幼稚園の子と中学生がよーいどんで覚え始めたら、どちらが先に全部覚えるでしょう。幼稚園の子の方が早そうです。しかも、幼稚園の子は、受験勉強のように頑張らなくても、すぐに覚えられます。

一輪者に乗れない幼稚園児と中学生が同時に練習を始めたら、どうでしょう。これは、自分でも実感できますね。きっと幼稚園児の方が早く乗れるようになります。これも、幼稚園児の脳の方が良いからです。君達も幼稚園児に比べると、脳が老化しているのです。幼稚園の時は、覚えようと思わなくても自然に覚えられたはずです。でも、今は、覚えようと頑張らなければ覚えられません。いつまでも幼稚園にいるような気持ちで努力をしないままでいると、どんどん勉強はできなくなります。

幼稚園の時のようには簡単ではありませんが、まだ今は、頑張った分だけ、脳の箱が増えていくので、頑張れば頑張るほど、頭は良くなります。でも、18歳になったら大変です。いくら頑張っても、脳の箱が増えなくなってしまうからです。ちょうど18歳になる頃、ほとんどの人は、身長の伸びが止まります。脳の箱の数の伸びも止まってしまうのです。さらに恐ろしいことに、せっかく知識を入れた箱も、使わないままでいると、ふたが錆びるどころか、箱ごと消えてしまうようになります。

だから、18歳までは、とにかく何でも全力でやって、脳の箱を増やしておきましょう。では18歳を過ぎたら、勉強しても無駄で、どんどん頭が悪くなるのでしょうか。その通り、悪くなります。「年をとると物忘れが激しくなって…」と言っている大人を見たことあるでしょう。でも、やはり、子どもより大人の方が頭は良さそうですよね。それは、脳に、もう一つの秘密があるからです。

★「脳の箱は、ひもで繋がっている」
脳の箱の一つ一つは、ひもで繋がっています。たとえば、「A君」と呼ばれたとします。耳から入った情報は、耳から出ているひもに乗って、いろいろな箱をノックします。「自分はAである」という箱をノックした瞬間、そのふたが開いて、「あ、自分が呼ばれたんだ」

とわかります。

でも、「あ、自分が呼ばれたんだ」とわかっただけでは、困りますよね。呼ばれたら返事をしなくてはいけません。「自分はAである」という箱と、「名前を呼ばれたら返事をする」という箱が、ひもで繋がっていれば、情報は繋がって、君は返事をすることができます。情報は1秒もかからずに、脳全体に行き渡ります。

ひもは、何度も体験したり、進んで勉強したりすると、どんどん太くなります。太くなればなるほど、情報は速くたくさん走っていきます。狭い道路より広い道路の方が、車が速く、多く走れるのと同じです。だから、大事だなあと思うことは、何度も練習や勉強をしたりして、繋がっているひもの太さをどんどん太くしましょう。太ければ太いほど、切れにくくもなります。

アインシュタインという人を知っていますか。天才と呼ばれている科学者です。この人は人並み外れて頭が良かったので、その脳はどうなっているのだろうと、世界中の科学者が現在も調べているそうです。調査の結果、アインシュタインさんの脳は平均より軽いことが分かりましたが、脳の箱を繋ぐひもは、とても多くて複雑に繋がっていたようです。この結果から、脳をよくするためには、箱をただ増やすばかりではなく、ひもを増やし、複雑に繋ぐことが大切だとわかりました。

ひもを太くする方法はわかりましたね。繰り返し練習することです。

★「ひもは、複雑につながっている方がよい」

ひもが複雑に箱と箱を繋いでいる方が、いろいろな答えが出せるようです。例えば「自分はAである」の箱と「名前を呼ばれたら返事をする」の箱だけが繋がっている人は、一応、すぐに返事はします。

この二つの箱に、「返事ははっきりした方が良い」という箱や「返事は相手をしっかり見て言う方が良い」という箱が繋がっていたらどうでしょう。君の返事の仕方が、多くの人に誉められることは、間違いありません。

では、どうしたら、ひもは、いろいろな箱と複雑に絡みあうのでしょう。

そのために必要なのが、友達や家族です。友達の意見を聞いて「え？」と思ったことがあるでしょう。自分ならこう考えるんだけど、友達は違う考えだった。これは、君の脳の箱の繋がり方と、友達の脳の箱の繋がり方が違うから、違う考えや結果が出たのです。

自分と違う意見を聞いて、「B君はおかしいなあ」としか思わなかったら、それで終わりです。でも、「こういう考え方もあるのか。全然気づかなかった。B君はすごいなあ」と思ったら、君の脳は、友達と同じように箱が繋がります。もちろん、君が最初から繋いでいた箱のひもも消えないので、君のひもはさらに複雑に絡まっていきます。

学校に来れば、クラスに友達がいます。授業で友達の意見をたくさん聞けば、脳のひもはどんどん増えて複雑になります。もちろん、小学生はひもばかりでなく、箱も増えますから、友達の意見の中に聞いたことのない言葉があったら、一挙両得です。だから、たとえ友達の意見が最終的に間違っていても、自分の脳のひもを増やす大事な意見だから、真剣に聞かなければなりません。

では、人の意見を聞いているだけでよいか、というと、そうではありません。よく、授業中、自分の意見を発表しないで黙っている人がいますが、とても危険です。脳は、黙っていると眠ってしまうのです。目は開いていても脳は眠っているという恐ろしい状態です。これを解決するのは簡単です。自分が意見を言えばいいのです。意見を声にした瞬間、脳は目覚めて、またしばらく起きています。頭がボーっとする前に、とにかく何か言いましょう。

読書も、脳の箱やひもを増やします。本の作者の考えは、君や君の友達とまったく違うことも多いからです。本は君のペースで読めるので、脳は、本を読み進めると同時に箱やひもを増やします。ところがテレビなどは、君の脳が箱やひもを作るのを待たないでどんどん進んでしまいます。絶対に子どもだけでテレビなどを見てはいけません。大人と一緒に見ると、一緒に見ている大人が助けてくれるので、箱やひもも作れます。

家族とのおしゃべりも、とっても大事です。君や友達が生まれてから10年間見てきたものと、お父さん、お母さんが何十年も見てきたものとは違います。だから、お父さん、お母さんと話をするだけで、君の脳はぐんぐん良くなります。おじいさん、おばあさんがいたら最高です。おじいさん、おばあさんは、お父さん、お母さんが見ていないものまで見ていることが多いからです。

★「脳の鍛え方をまとめると」

では、まとめましょう。

今から、君の脳は、果てしなく進化します。

そのために、18歳までは目の前のことを全力で勉強したり体験したりする。

脳は若ければ若いほど元気だから、「今」やる。

大事だと思ったことは、繰り返し体験、勉強して、しっかり身につける。

学校での友達の意見や、家族とのおしゃべりを大事にする。

家の人にも忘れずに伝えてください。脳のひもは、18歳以降も、勉強、体験によって太く複雑になります。脳は、30歳以降、本格的にひも作りに励むそうなので、お父さん、お母さんも、これからもっと頭が良くなります。

宿題は「使う」ものだと教える

1年生から4年生の途中までは、学校から出る宿題を丁寧にやっていけば、力が伸びます。しかし、「10歳の節目」からは、宿題を使って自分の勉強をするという意識を持たせましょう。ここからは、自分で勉強するという気持ちが大事です。

4年生の途中から、私の教室では、書き取り、音読、計算ドリルの宿題は、細かい指定をせずにやらせています。5年生、6年生になっても、低学年のように、細かい指示のある場合は、担任の先生と相談してみてください。

4年生の途中から、私のクラスでは、こんなふうに宿題を出しています。

○漢字書き取り…一日1ページ書きます。何を書くかは指示していません。どんな漢字を書くかをわくわくしながら考えたり、どうすればきれいに書けるかを研究することに夢中になれたら、宿題を使っていることになります。一日2ページ以上書いた場合は、「貯金」になり、病気で書けなかったりした日の分として使えます。

○本読みカード…教科書、新聞、読みかけの本などを音読して家族に聞いてもらいます。何をどれだけ音読するかは指示していません。自分で、何を選んで読むか、それをどんなふうに読むかを考えることを楽しく思えたら、「宿題を使っている」ことになります。

○ 計算ドリル…1学期のうちに各ページを3回ずつやります。何をいつやるかは指示していません。どのページをどんな時にやるかを自分で計画したり、間違いが多いページをどんなルールで克服するか考えたりした時は「宿題を使っている」ことになります。

計算ドリルが解けない時は、答えを写してよいことにしています。1回目に、どうしても解けなければ、答えを写しながら解法を考えてみる。少し時間を空けて、もう一度解いてみる。その時、わからなくなっている部分があれば、その部分の解答欄を見て、もう一度、解き方を考える。3回目でも、まだ、すらすらと解けなければ、「宿題は3回」でも、自分は4回目もやってみる。

こんなふうに、自分で「できるようになった」と感じるまでがんばり続ける子が、宿題を使って力を伸ばした子です。

予定帳で予習をする

4年生以上のクラスでは、毎日予定帳をチェックし、点数をつけてきました。

小学校4年生くらいまでは、予習はあまり薬になりません。毒にすらなります。「今日は何を教えてもらえるのだろう」というわくわく感が、学習の原動力になることが多いからです。学校で教わったことをお父さんやお母さんに楽しく話すという復習が、学力を定着させます。

中学校以降の予習は役立ちます。授業の情報量が多すぎるので、あらかじめ、できるだけ多くのことを知っていた方が、授業での吸収力が高まるからです。中学校では、予習か復習のどちらかしかやる時間がない日は、予習をした方が賢明です。

小学校の5、6年生はちょうどこの間です。予習の大切さを少しずつ分かっていってほしい年齢です。そのために宿題に出すことにしたのが、予定帳で予習することです。各時間それぞれ1、2行ずつ、簡単に書いてあれば充分です。

読者の方からのお便り

想像していた以上のもので、感心しました。「時間割り」の連絡帳ではなくて、「予定帳」なのですね。目当てをしっかり持って取り組むのはすばらしいですね。大人の私も、参考にしたいと思いました。子どもとの家庭学習にも取り入れたいです。こんなふうに、予定帳をしっかり書ける子ども達はどんなふうに育っていくのでしょう。楽しみですね。

学習準備のポイント

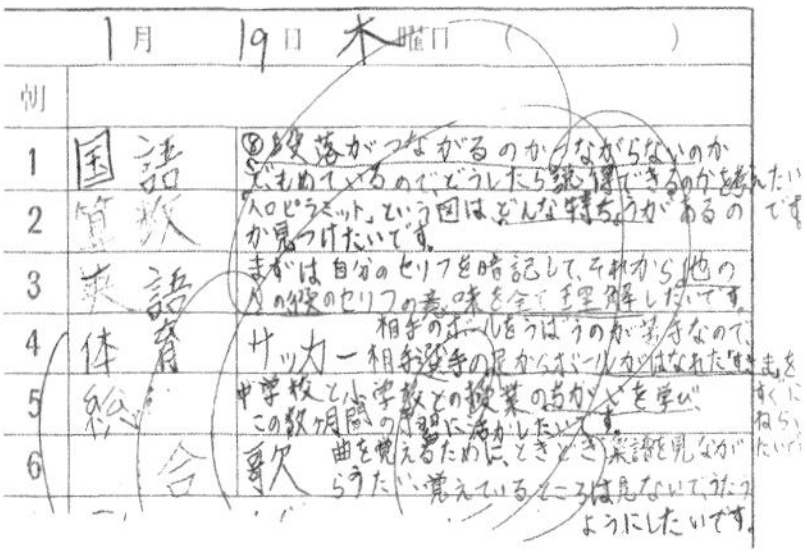

	1月 19日 木曜日 ( )	
朝		
1	国語	⑧段落がつながるのかつながらないのかでもめているのでどうしたら納得できるのかを考えたい
2	算数	「人口ピラミッド」という図はどんな特ちょうがあるのですか見つけたいです。
3	英語	まずは自分のセリフを暗記して、それから他の人の役のセリフの意味を全て理解したいです。
4	体育	サッカー 相手のボールをうばうのが苦手なので、相手選手の足からボールがはなれた「すきま」をすぐにねらいたいです。
5	総	中学校と小学校との授業のちがいを学び、この数ヶ月間の学習に活かしたいです。
6	合	歌 曲を覚えるために、ときどき楽譜を見ながらうたい、覚えているところは見ないでうたうようにしたいです。

[国語]

全体学習の文図の討論の中で、自分が関わっている問題について書いている。翌日何を手掛かりに話し合うのかを考え、意見を言う準備をしている。

[算数]

全体学習での課題がない場合、自分で解決したい問題を創り出して授業時間を充実させている。

[総合（中学進学に向けて）]

どんな授業が展開されるのか、全く予想できない時に、授業を想像し、この授業で自分が何を得ればいいのかを考えている。

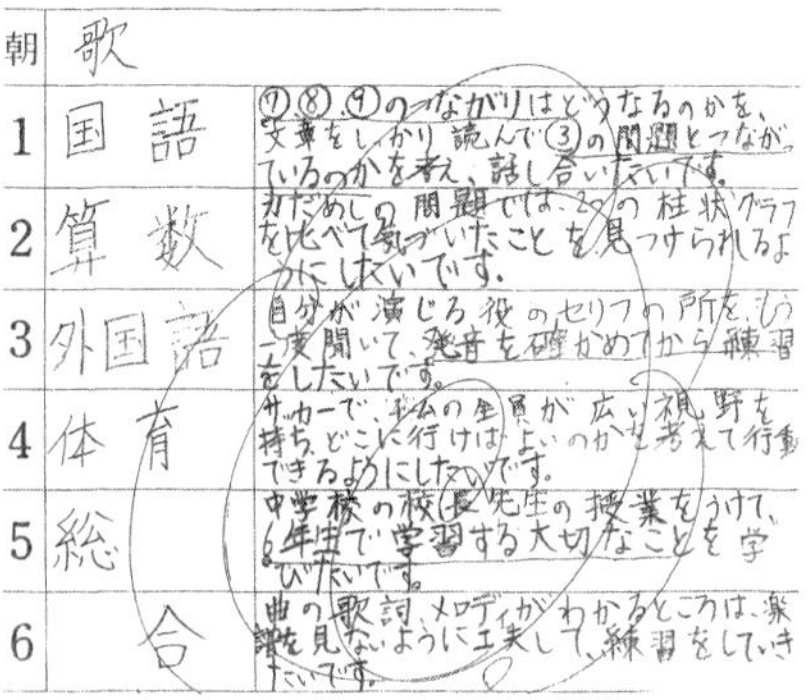

朝	歌	
1	国語	⑦、⑧、⑨のつながりはどうなるのかを、文章をしっかり読んで③の問題とつながっているのかを考え、話し合いたいです。
2	算数	力だめしの問題では、2つの柱状グラフを比べて気づいたことを見つけられるようにしたいです。
3	外国語	自分が演じる役のセリフの所をもう一度聞いて、発音を確かめてから練習をしたいです。
4	体育	サッカーで、チームの全員が広い視野を持ち、どこに行けばよいのかを考えて行動できるようにしたいです。
5	総	中学校の校長先生の授業をうけて、6年生で学習する大切なことを学びたいです。
6	合	曲の歌詞、メロディがわかるところは、楽譜を見ないように工夫して、練習をしていきたいです。

[外国語]

演劇としての重要ポイント、外国語劇としての重要ポイントは何かを考え、授業中の自分の課題を作り出している。

[体育]

自分ができていることと、できていないことを、しっかりと把握し、課題としている。また、自分一人だけでなく、チームとして学ぶことまで考えており、この授業の最も大事なことが理解できている。

[総合（卒業式に向けて）]

これまでの授業から、自分の能力を高める方法を考え、その時間の課題としている。

ノートを世界最高の参考書にする

わり算の計算が間違っていた時に「なぜミスをしたのか考えなさい」と言われた子の多くは、「わり算の練習が足りないから」と答えるでしょう。これは、分析ではなく心の反省です。ところが、どこを間違えたのかを発見しなさい、と指示すると、簡単な繰り下がりのミスであったことなどに気づきます。ここがわかったら、わり算全体をおさらいするのではなく、繰り下がりの練習を少しすれば、このミスは、未来に生かすことができます。

そのために必要なのは、間違いを消しゴムで消さずに残しておくノートです。

躓いている原因は、ほんの小さな落とし穴であることが多いようです。

読者の方からのお便り

長女も次女も「間違いノート」というものを作っています。テストや問題集などで自分が間違った問題や分からなかった問題のみをまとめたノートです。

ノートを縦半分に折り　左側に問題と自分が間違えた解答を書きます。右側には正解と解説。自分がなぜ間違えたのか、またどこが分からなかったのかを書いておきます。そうすると後から見直したときに自分がどこが弱いのか、間違いやすいのかが分かります。自分だけの弱点克服ノートになります！間違いノートは時間をあけて見直し再度問題を解くことで意味のあるノートになります。

人はどうしても忘れますから、なんどもインプット、アウトプットすることで定着していくのだと思います。社会科などは、資料や年表などもコピーして貼ってました。模試などの後、作ると効果的です。


「ノートに落書き」は、普通は叱られますが、落書きしたい子は、ここで力を発揮します。これは間違いである、と色を使って書いておいたり、自分のキャラクターの漫画を登場させて、間違いを解説させたり「2度と間違えないでね」と台詞を書いたりします。こうすることで、後でノートを見たくなり、見たくなったノートには「間違える方法」が書いてあるので、2度と間違えないようになります。

また、一口に間違いといっても、一応、答えまでたどり着いたのですから、途中のどこかで迷子になっただけです。そこまでは正しい解き方をしているのですから、間違いだったと思われる記述を残しておいても、恥ずかしいなんてことはありません。場合によっては、その間違いから、模範解答とは別の解き方にたどり着くこともあるわけですから、間違いノートは宝の山なのです。

子ども達には「ノートは未来の自分へのプレゼントだ」と話しています。もし家で余裕があったら、お子さんの算数のノートを見てください。自分にプレゼントするように丁寧に書かれていたり、考えの道筋が書かれているのを発見したら、いつも以上に誉めてください。

家族とのおしゃべりが、小学生の最高の勉強法

日本には、沈思黙考という言葉があり、深く考える時は黙っているものだという考え方があります。しかし、ほとんどの小学生にこれは当てはまりません。小学生が深く考えているのは、話している時だからです。そのことについて誰かとおしゃべりをしている限り、彼らはそのことを考え続けているのです。

ですから、小学生の最も効果的な家庭学習は、親とのおしゃべりです。親と学校のことや勉強のことをおしゃべりしている間は、お子さんは、授業の復習をしているので、安心してください。

「思考する」ということは、単純にいえば、頭の中でおしゃべりをすることです。頭の中のおしゃべりは、難しい言葉で「自己内対話」というそうです。頭の中で対話するには、実際のおしゃべりの経験がかなり必要です。

読者の方からのお便り

こんにちは。授業中は黙って話を聞きなさい！と言われて育ったような気がしますので、びっくりしています。次女は家の中では始終話しまくってます。なので、どちらかというとこちらの話も聞きなさいと言ってしまいます。なので人の話をじっくり聞くことを優先させています。

私からの返事

おしゃべりをしていいというのは、自分一人が勝手なことを言っていいということではありません。相手がいて、言葉のやりとりをすることが大事です。

ですから、お嬢さんが人の話も聞かず、勝手にしゃべっているとしたら、「しゃべった分だけ相手の話を聞きなさい」というお父さんの指導は、とても正しいと思います。

少し大きくなったら、意図的に一つの話題で長く家族の会話をしてみましょう。そうすることで、さらに、一人でも集中できる力が伸びます。

リビングやダイニングで勉強させる

小学生の最も効率のよい家庭学習法は、家族とのおしゃべりですから、特に10歳までは、にぎやかでもいいので、家族のいるリビングやダイニングで勉強させた方が効果があります。大人との会話は、知識の宝庫ですし、兄弟で教えあうのも、学習効果を上げます。特に、教えている時は、一人でする時の何倍もの勉強をしているようなものです。

1 教える時に、自分がしたことを、もう一度繰り返すことになるので、教えるだけで復習していることになる。

2 人に話す時には、脳が自分の持っている知識を整理するので、頭の中が、整理された本棚のようになって、知識が使いやすくなる。

3 最初の説明ではわからないと言われたら、違う方法で説明しなければならないので、いろいろな方法で答えを出す能力が身につく。

4 ちょっと優越感が持てて、楽しい。「楽しい」は、力を伸ばす特効薬です。

兄弟がいない場合は、お父さん、お母さんが教えてもらう役をやって、「へえ、知らなかった」と驚いてください。

早速、テレビを消したり、他の部屋に移動させたりして、リビングやダイニングを勉強する場所に模様替えしましょう。

発表できる子にする

1年生の頃は、先生の質問に1対1で答えていれば立派な発表です。ただこの場合は、答えが一つのことも多いので、発表しようと思っていたことを先に友達に言われてしまうこともよくあります。そんな時には、似ているけれど、ちょっとだけ違う意見が言えると自信が持てるようになります。

「その花の形は、小さな鈴のようです」「赤ちゃんの手のようにも見えます」一つの花を見て、いろいろなものが頭に浮かべば、友達が発言した後、余裕で発表できます。

他のものになぞらえる練習として、親子で散歩している途中、雲を見て「あれ、何に見える?早く3つのものに見えたほうが勝ち」というゲームはいかがでしょう。

1年生の頃は、これでいいのですが、6年生になるとそうはいきません。全体の話し合いの流れを見て、前の友達の話にうまく繋げて話さなくてはいけないからです。1年生の時は、あんなに元気に発表していたのに、どうしてこの頃は発表しないの、などと、頭ごなしに言って

はいけません。人の発言に繋げて発言するのは、なかなか難しいことなのです。4年生以上の発表のこつは、

・友達の発言に対して、賛成、反対、分からない、のどれかを選ぶ。
・賛成だったら、その理由が同じなのか、それとも少し違うのかを考え、同じなら「私も同じ理由で賛成です」と、前の友達と同じことを繰り返し言う。理由が違うなら「賛成です。でも、私は、こういう理由です」と言う。
・反対なら、全面的に反対か、部分的に反対かを選び、その理由を言う。
・反対か賛成か、分からなければ、その意見がよく理解できないのか、その意見に関することで分からないことがあるのかを選んで言う。

賛成、反対、分からない、の3つの意見に、2つずつの言い方があることをいつも頭の中において、友達の話を聞いていれば、発言するチャンスが増えてきます。

家では、家族でニュースを見ながら、お子さんに「これ、どう思う?」と聞いて、賛成、反対、分からない、の3つのうちのどれかが返ってきたら、「全部、賛成?(反対?)」とか「分からない言葉があるの?」などと聞き返し、少しだけ突っ込んでやると、思考は深まり、発言力もついてきます。

家でも意見が言える子にすれば、世の中で、意見が言えるようになるんですね。家の会話って大事ですね。


授業というと、クラス全体、40人での話し合いをイメージすると思いますが、最近は、少人数での活動や話し合いの時間が増えています。

少人数の話し合いの経験を積むのにも最適なのは、家族のおしゃべりです。家族でたくさんおしゃべりをしてください。余裕のある時は、「洗剤は、他の銘柄に変えた方がいいいか」というような簡単な「議論」に挑戦してください。

今まで、発表が得意でなかった子は、1回発表しただけでは自信が持てません。2回目、3回目まで発表できるように、思い切り誉めて励ましてください。3回目の発表ができたら、あとは大丈夫です。

落語で話す勇気を持たせる

3年生の学習発表会でミュージカルをやりました。それまで小さな声しか出せなかった子が、どの子も体育館に響く声で自分の役を演じました。家で演劇をするのは大変ですが、国語の教科書に載っている落語で、話すことに自信を持たせることができます。教科書を音読するだけでも楽しいのですが、授業では、こんなふうにしてみました。

1 ビデオを見せて興味を持たせる。

6年生でも、落語をビデオで見るのは大変です。嘉門達夫さんの「ハンバーガーショップ」という歌のビデオは、2分程度の長さで、落語の面白さが伝わります。

2 脚本をカットする

教科書に載っている「寿限無」を読むと、十数分かかります。思い切って脚本をばっさりカットして読ませると、演じる方も聴いている方も楽しくなります。

3 キャラクターを考えさせる

キャラクター作りには、この2点を大事にします。

一つ目は声音。高い声、低い声、強い声、弱い声の4つを使い分けします。

二つ目は速さ。速さには、話す時そのものの速さと、「間」の2種類あることを教えます。

4　脚色をさせる

意味がが分からないまま演じても、聞いてくれる人には伝わりません。落語のよい部分を損なったとしても、子どもが自分で分かるように書き換えさせるほうがよいと思います。子どもが新しいギャグなどを書き加えるのもOKです。

5　客の前で演じる。

授業では、他のクラスや、お年寄りの施設で聴いてもらいましたが、家では、家族や親戚のおじいさん、おばあさんに聞いてもらうとよいと思います。

参観日は、発表していない時の様子を見る

1時間の授業中、たくさん発表する子でも、発表している時間の合計は45分中の数分です。1回しか発表しない子の、話している時間は数十秒。あとの時間は、聞いているか、考えている時間。その時間は圧倒的に長いのです。こう考えると、話す力より聴く力の方が重要な力だともいえます。

授業参観の時に「うちの子は、ちゃんと発表できるかしら」と心配になるのは当然です。でも、次の授業参観日には「うちの子は、今の友達の発言をしっかり受け止めているかしら」と思いながらお子さんを見てください。一度も発表できなかった授業でも、お子さんを褒めることがたくさん見つかります。

私の仕事の目標は、「話すよろこび、聞く幸せ」です。小学生に話す喜びを味わわせるのは簡単です。聞く幸せのわかる子に育ってくれたら最高です。

読者の方からのお便り

「はっ!」と気づかされました。そうなんですね、発表することばかりが良いことのように思っていました。次の参観の時は、聞いたり、考えている姿を見てみます。ちょっと楽しみになりました。

読者の方からのお便り

参観日に発表できるかと見ていた自分を再認識しました。理解して聞くことも重要であり、褒めることに値することだと思えました。ありがとうございます。

読者の方からのお便り

いつも、なるほどなぁ～～って思いながら読ませていただいております。今朝も子どもに指示を出してから「聞いてる？」って怒鳴りつけてしまい、反省しています。子どもが私の話を聞き流すのは、あまりにも細かいことをごちゃごちゃと言い過ぎたせいかなって思っています。今日のメルマガを読んで、ちゃんと聞いている時を認めて、聴く力を育てていきたいと思います。

読者の方からのお便り

ついつい「聞いてるの！」なんて言ってしまいますがこちらが、喜びを感じて話ができれば、そんなこと言わなくても聞いてもらえますね。こうじ先生の「話すよろこび、聞く幸せ」と聞いて、私も心がけようと思います。

読者の方からのお便り

話し上手は聞き上手、会社の部下にもお客様との会話で傾聴姿勢が重要と教えています。

子どもが話したくなる聴き方をする

一年間、楽しく学校に行こうとするかどうかは、新学期の初日が良かったかどうかで決まります。ただ、それは学校で何が起こったかではありません。起こったことを家族に楽しく話せたかどうかで、学校が楽しいかどうかが決まるのです。

楽しかったことを楽しく話せたら、その楽しさは倍増します。何でもないことを楽しそうに聞いてもらえたら、それは楽しい出来事に変換されます。つまらない出来事でも、聞き手が興味を持って聴いてくれたら、それが自分にとって意味のある出来事のように感じられてきます。学校での出来事を、興味を持って聴いてくれる家族がいる子は、翌日も学校に行こうという気持ちになります。

話したくなる聴き方

○「話し手の用語」を知る

・人名を知る…友達や先生の名前が出てきた時、家族が子どもと同じイメージを共有できていれば、話し手である子どもはスムースに話をすることができる。

・独自の言語を知る…人名の他にも、学校の子どもの中でしか流通していない言葉や、違う意味で子どもたちが使っている言葉がある。それを知っていれば、正しく話を聞き取れ、それが子どもの話しやすさにつながる。(「子どもの使う言葉を親も使うと、子どもと親しくなれる」と書いてある本がありましたが、これは間違いです。使う必要はありません。親は子どもの言葉に惑わされず、正しい言葉を使ってください)

○ 子どもが話したがっていることを質問する

子どもの話す顔をよく見ていれば、どの部分を最も聞いてほしがっているかが分かるので、そこを質問すれば、他のことも続けて話し出す。

修学旅行翌日のAさんの日記

家の人に旅行中にあった出来事をたくさん話しました。話しているうちに私も楽しくなってきたし、聞いている母も笑顔になってきて、母に喜ばれているような感じがしてきました。物をあげるおみやげも良いけれど、旅行中にあった出来事を話して、自分も聴いている人も楽しくなれる「話みやげ」もいいなと思いました

2 国語の力をつける

読書好きになる能力を養う

本を買い与えただけでは、読書好きになりません。読書好きになるためには、文章を映像化する力と、一人で心の中で対話を続ける力が必要です。

昔の子どもは、見たことのない外国の風景や未来の様子を想像しながら本を読むのが得意でした。これまでに見たり聞いたりしたことを材料にして、脳が必死に映像化したからです。必死になるのですから、「想像して映像化する力」は、読書をするたびに伸びていきました。

ところが、テレビやネット動画で世界のあらゆるものが見られる今、子どもの脳は文章を映像化することに必死になる必要がありません。「自分の名前をはっきり言える」で書いたように、人間の体は必要ではないことをサボるようになり、その部分の能力は低下します。テレビやネット動画漬けになっている子は、読書をする時の「想像して映像化する力」が低下していき、読書が面倒になります。

また、映像ばかり見て本物に接していない子は、いつも映像の世界を「外」から見ているので、読書で映像化ができても本の世界に入り込めません。VRも発達してきましたが、五感を刺激し想像した世界に入り込む力を伸ばすという点に関しては、自然や人とのふれあいという経験には、まだ、遠く及びません。

二つ目の心の中で対話を続ける力は、小さな頃から、周りの大人とたくさん話をすることで身に付きます。10歳までは、親子で同じ本を読み、その本について、たくさんおしゃべりをしましょう。

地下鉄の向かいの席に、幼稚園くらいの女の子とお母さんが座った時のこと、女の子は、すぐに絵本を開いて読み始めました。するとお母さんはスマホを取り出し、何かを始めました。とても、もったいない時間です。この子はすでに本が好きです。お母さんがスマホをしまって、この子の本を覗き込んで声をかければ、この子は一生、本を友達にします。それどころか、小学生のうちに読書のよい影響が出て、能力の開花が見られるかもしれません。

読書好きになる環境を作る

「読みかけ本作戦」で、読書好きにさせる環境を作ります。

お父さん、お母さんの「読みかけの本」をお子さんの目に付くところに置いて下さい。同じ場所に置いて本がどんどん変わっていく。あるいは、本はなかなか変わらないけれど、お父さん、お母さんが家の中を移動するたびにその本を持っていく。このどちらかをしてみましょう。食いついてきたら、本の内容を楽しそうに話してやってください。1年間、同じ本ではだめですよ。しっかり読んで、どんどん新しい本に変えて下さいね。

読者の方からのお便り

子どもたちと共通の本を読めるようになったので、狭いリビングに本棚を買い、家族の本を集めました。結構ありびっくりしました。息子と娘なので、買う本のジャンルも違い、ちょっとした図書コーナーです。

まだ主人が参加していないので、また違う種類が増えると思うと、わくわくします。

本棚の前で本を選んでいる子どもたち、好きです。

話題も増えました。ちなみに私は今度は「もしドラ」を読む予定です。

テレビを見る15分を親子読書に替えるだけで、お子さんの人生は、大きく変わっていきます。15分は朝ドラ1話分の長さです。

本の読み方のこつを教える

国語の教科書には、物語文と説明文という2種類の教材が載っています。それぞれ、読み方のこつがあります。

物語文は、気になる言葉を見つけ、意味を調べたり、なぜ作者がこの言葉を使ったのかを考えます。お子さんが物語文を読んでいたら「これ、素敵な言葉ね」と声をかけましょう。

説明文は、形式段落のつながりを図にして、著者の主張がどこに書かれているかを探すと理解が深まります。著者の主張に対して、自分の考えを持つことが重要なので、お子さんが説明文を読んでいたら「この人の言っていること、どう思う?」と訊いてみましょう。

音読の宿題は、算数と社会科の教科書を読ませる

国語の教科書というのは、授業で何度も読みます。読むことそのものが、国語の学習で大事なことだからです。でも、他の教科の授業は、教科書の扱いが違います。教科書は自分で考えるための参考書という意味合いが強くなります。ですから、国語の教科書と比べて、授業中に読む時間はかなり少なくなります。

音読の宿題が出ていたら、一度、社会科の教科書を読ませてみてください。毎日の宿題で、国語の本がすらすら読めていた子が意外なほど社会科の教科書が読めない、ということが少なくありません。

昨年、改めてそれに気づき、6年生の社会科は、単元ごと、学習を始める前に、授業の中で、教科書と資料集を全員で音読することにしました。そこでわかったのが、難しい歴史用語もすらすらと読んでしまう子と、重要な歴史用語もほぼ初見の子がいて、その差があまりにも大きいことでした。もし、この音読の時間を設けなかったら、子どもたちは、全員が同じ土俵で意見を交わすことなど、できなかったでしょう。

同様に効果があるのが、算数の苦手な子が、算数の教科書を音読することです。よく、計算は何とかできるが、文章問題が苦手だというご相談を受けます。文章問題が解け

ない理由の一つは、問題文を丁寧に読んでいないことです。

文章問題の問題文は、わりあい短く、さっと読めてしまうので、本当は、もっとスピードを落として丁寧に読まなければいけない部分を読み飛ばすことが多いようです。さらに、問題文の後に、図や図形が描いてあると、文を読まずに問題を解き始める子も少なくありません。これでは、問題が正しく解けないとか、凡ミスをするという癖は治りません。そんな子は、毎日、音読することで、読み飛ばす癖が減っていきます。

高学年で、音読の宿題は国語の本を読むようにと先生がおっしゃっていたら「算数や社会科の本も読ませたい」と、一度、先生に相談してみましょう。

読者の方からのお便り

教科書、楽しいですよね。小学校の歴史や地理の教科書に至っては、一般常識的なポイントがほどよくまとめられていて、知識の整理に重宝しています。私自身、小学校入学式でもらった教科書に目を通したときの絵本とは違う「今日からお勉強するんだ！お姉ちゃんになったんだ！」という誇らしい気持ち、今でも覚えています。小2以降ずっと始業式でもらったらまずは全部読んでました。夫もそんな子だったらしく、今でも我が家は教科書を持ち帰る始業式の夜は、リビングのテーブルに教科書が積まれ、ワイワイ盛り上がってます。

音読に飽きたら、笑って読む、怒って読む

音読は、やればやるだけ力が伸びますが、何度もやっていると飽きてきます。そんな時、授業では、泣きながら読んだり、怒りながら読んだりしています。

内容に沿った読み方をするのが正しい音読ですが、飽きて集中力のないまま読むよりは、こちらの方が力がつきます。

1回目、いつもの読み方で読む。2回目、泣きながら読む。3回目、怒りながら読む。4回目、笑いながら読む。5回目、内容に沿って丁寧に読む。これで、飽きずに5回も音読ができます。

振り仮名は、離れた場所に書かせる

「うちの子は、漢字が読めなくて、よくつかえるので、振り仮名を教科書に振っていいですか」という質問を受けました。

振り仮名は、振ってかまいません。漢字でつかえて読むのが嫌になるよりも、たとえ振り仮

名でも、しっかり読めて、読むのが楽しくなる方が、勉強が好きになるし力も伸びるからです。

しかし、振り仮名は、漢字の横に振ってはいけません。漢字の隣りに書くと、漢字を読まずに、振り仮名だけを読んでしまうからです。

でも、離れた場所に振り仮名を書くと、必ず一度、漢字を経由して振り仮名を見るので、その時に「この漢字は何と読むのだろう」と思考します。すぐに読めるようにならなくても「この漢字、何だっけ」と考えることが、脳にプラスになります。国語の教科書なら、その行のいちばん下の欄外に、読み仮名を書いてください。

楽譜の「ドレミ」の振り仮名も同様です。音符の下に書かずに、別の紙に書いて、音符を見て分からなくなったらその紙を見るようにすれば、音符が読めるようになります。「ドレミ」は、漢字と違い、10個覚えるだけで、鍵盤ハーモニカやリコーダーの上達が新幹線のように速くなるので、この方法をお勧めします。

親子読書をする

勧めていた学校では、親子読書という催しがありました。親子で同じ本を読んで、感想を話し合い、簡単な読書カードを提出してもらいます。「こうして学校が親子読書を勧めてくれたので、子どもと一緒に本を読めて、本当によかった」という感想を時々いただきます。親子読書は、親子の素敵な時間です。

もし、親子で読書をする機会があったら、こんな風にしてみてください。

・読み聞かせをしている年齢なら、いつも読んでやっている絵本を、逆に読んでもらう。

・一人で読書ができる年齢なら、同じ本を読んで、感想を言い合う。

子どもと改めて「桃太郎」などの昔話を読んで話し合ったら、新しい発見がたくさんあったという感想もいただきました。親子読書は、親の読書生活も広げてくれます。

子どもに言葉のシャワーを浴びせる

暗記するだけの勉強を「詰め込み」と批判されますが、勉強には丸暗記をした方が良いことがあります。それは、言葉や固有名詞です。

「邪馬台国《やまたいこく》、吉野ケ里遺跡《よしのがりいせき》、前方後円墳《ぜんぽうこうえんふん》、渡来人《とらいじん》、遣隋使《けんずいし》、租庸調《そようちょう》、雑徭《ぞうよう》、貧窮問答歌《ひんきゅうもんどうか》、螺鈿紫檀五絃琵琶《らでんしたんのごげんびわ》、富本銭《ふほんせん》…」どれも、6年生の社会科の教科書に突然出てくる言葉です。

せっかく出てくるのですから、知っていて損をすることはありません。また、授業でやる前から、頭の片隅に入っているのといないのとでは、勉強への関心の度合いも違ってきます。詳しい意味などはわからなくてもいいです。耳にする、口にすることが大事です。大人同士の会話をたくさん聞かせましょう。一つ一つ、意味を子どもに教える必要はありません。お子さんが面白がって、その言葉を口にしたら、褒めてやってください。

10歳までは、「しりとり」や「なぞなぞ」が語彙を増やす道具になります。11歳を越えても、漢字のしりとり、外国語のしりとりなら、子どもも興味を持ちます。キーワードを決めて関連する言葉を集めるゲームや、過ぎてゆく車窓から5文字の言葉を早く見つけるゲーム、「国連」は「国際連合」の略語であると略語をほどくゲームなど、家族で言葉遊びをする方法は、たくさんあります。

敬語は年齢に応じて教える

敬語の勉強は、5年生の国語の教科書に出てきます。

敬語には、丁寧語、尊敬語、謙譲語の三種類があり、それぞれ難しさが違います。教科書では一度に学習しますが、マスターする年齢は違っていいと思います。

・丁寧語…10歳までに、「です、ます」を使った言い方を場に応じて使えるようにする。

・尊敬語…14歳までに、「いらっしゃる、おっしゃる」などをためらいなく使えるようにする。

・謙譲語…18歳までに、「うかがいます、もうします」が自然に出るようにする。

さらに頑張って、9歳の子が「先生がおっしゃっていました」と言うと、なかなかやるね、ということになりますが、大ジャンプして6歳の子が「父が申しておりました」と言うと、違和感を持たれるかもしれないので、先取りもほどほどにさせた方がよいかもしれません。

ただ、「父」(ちち)という漢字は、2年生で出てくるので、漢字の練習とともに使い方の練習をするとよいでしょう。2年生の国語の時間に、「あなたのお父さんは、どんな色が好きですか」「わたしの父は、青が好きです」という質問ゲームを4人グループで行ったら、20分以上も楽しげに質問を繰り返していました。

14歳なのに、「です、ます」も使えないようでは残念です。

親子交換日記で天才文学少年(少女)にする

大人でも書けないような文章を書く5年生の女子Aさんを担任したことがあります。自分の文章力を越えているかもしれないと思った子は、教員生活三十八年の中で、後にも先にも、このAさん一人だけです。
幼稚園から続けているお母さんとの交換日記が、彼女の文章力を人並み外れたものに高めていったようです。親子で今更、と思うかもしれませんが、交換日記や手紙のやりとりを始めてみませんか。

読者の方からのお便り

昨日から、六年生の娘と交換日記を始めました。提案したら、とても喜んでくれて、たくさん書いてくれました。学校での様子や、考えていること、感じたことを、書くことで最後まで伝え切ることができるので、読みながら意外な発見があったり、娘の思いを再確認したり、得るものが多くなりそうです。娘との会話は多い方ですが、書くことでは、また全然違う感覚で伝えることができるので、楽しくて素敵です。ありがとうございます。

書くことが苦手だとおっしゃる方もいらっしゃいますが、書くことは本当に「習うより慣れろ」です。短い手紙のコンテストなどが全国で行われています。親子で応募するのもいいし、受賞作を写すだけでも書く力になると思います。

読者の方からのお便り

子ども達との交換日記で子ども達が何を書いてくるか楽しみです。また交換日記を書く事で文章を書く事に苦手意識を持たないようになればいいなと思っています。

読者の方からのお便り

子ども達との交換日記を早速始めました。次男（小1）は「何を書いたらいいか、わからん！」と言っていたので、「今日した事とか楽しかった事とかを書けばいいよ」と話すとノリノリで早速書いていました。文章はまだ五十文字程度ですが、絵つきで日記を書いています。その日記に対して私の書く内容が子どもが書いた内容の感想やコメントみたいになっているので、そんな感じでいいのかな？と悩み中です。子どもは私の書いた内容とは全く関係なく、毎日絵日記を書いていますが、そんな感じで私がコメント書くのは交換日記と言えるのでしょうか？（笑）また毎日書くのは難しいようですが、出来る時に書くだけでもいいですか？

無理に子どもに定期的に書かせる必要はありません。お子さんがくじける時期も、こちらが定期的に手紙を送るつもりで書きましょう。お父さん、お母さんの文を読むだけでも、読むことが好きになり、文章力もアップします。

内容は、子どもの絵日記の感想でもかまわないし、それとは関係ない、こちらの伝えたいことでも、ちょっと聞きたいことでも、何でもいいと思います。考えたことは、文字、文章にして相手に伝えることができるということを、長い時間をかけて、お子さんに分からせることが重要です。

親子のおしゃべりは、重要な子育てのアイテムですが、書くことで、より深く伝わることも多いものです。今年を、「親子交換日記を始めた年」にしてみませんか。

書き取り1ページを3時間かけて書く

美味しい料理は誰にも作れます。ただ、プロのシェフと素人との違いが一つあります。それは、時間です。一流シェフは、さっと作ってしまいます。でも、素人が同じ料理を作ろうとすると、プロの何十倍もの時間が必要になります。

文字も同じです。文字の形をじっくり研究し、ゆっくり丁寧に書き、失敗したら何度も消して書き直す。こうすれば、必ず上手な字は書けます。

ところが、字が未だ上手でない子が、上手な子と同じ時間（例えば書き取り1ページを15分）で書こうとして上手に書けないから、自分は字が下手だと思い込むのです。上手な子が15分で書けてしまう「書き取りノート」1ページを、3時間かけて書いてみましょう。自分の字が、びっくりするほど上手なことに驚きます。

6年生のAさんは、4月に一念発起して、書き取りの宿題の字を丁寧に書くことに決めました。担任が、汚い字を書くとすぐに怒る怖い先生になったからです。

Aさんは、7月には、1ページを15分で、大人でも簡単には書けないような美しい字が書けるようになっていました。Aさんの4月の頃の書き取り帳を見返すと、消しゴムで何度も消した跡があり紙もボロボロになっています。4月の頃は、本当に1ページに3時間かかっていたとお母さんが言っています。自分の字に自信が持てたことで、Aさんは、字を書くのが大好きになり、同時に、友達からも字の上手さを認められ、学級で活躍することができました。

Aさんは、鬼のような先生に出会ったことがきっかけで、3時間の書き取りを行いました。（もちろん、これができたのは、先生のおかげではなく、Aさんの「やろう」という気持ちがあったからです。）やり始めの頃には、時には、大人が「鬼」になって強制的にやらせることが必要です。何のために、どんな時に、親や教師は「鬼」にならなければいけないのか。その軸がぶれないことが、子育てでは重要です。

漢字テストで満点が取れない理由

頑張っているつもりでも、漢字のテストで、なかなか満点が取れない子は多いと思います。漢字テストで点が取れない時は、次の3つの理由が考えられます。

1　全く漢字が頭の中に浮かんでこない

これは、脳の中の漢字の貯金が少なすぎる子なので、家族団欒の中で、毎日、親と一緒に新聞を読んだり、テレビ・ラジオのニュースを見聞きして、漢字をシャワーのように浴びせる。

2　同音異義の漢字（読み方は同じでも正解ではない漢字）を書いてしまう

これは、漢字の訓読みの部分を覚えていない子なので、訓読みに注意させる。訓読みというのは、文字の意味を日本語で表したものなので、それを知っていると、2の間違いは格段に減る。一人で勉強させるよりも、家族団欒の中で、楽しく漢字クイズをやるとよい。

3　点の付け忘れなど、細かい部分を書き間違える

これは、練習する時に、文字を書くのが速すぎる子なので、信じられないくらいゆっ

くりとしたスピードで書くと、点、画の間違いはなくなる。筆ペンで書くと、自然とゆっくりになる場合がある。家族団欒の時に、家族みんなで、筆ペンで遊ぶと楽しみながら字がゆっくりと書けるようになる。

また、自分の字に感動している子は、楽しく真剣に書き取りの宿題に取り組むので、テストの点も上がります。親が「鬼」になり、ゆっくり書かせて、字を上手にさせるのも、漢字テストで良い点をとらせる方法の一つです。

11歳でも平仮名を教える

平仮名は、1年生にこつを教えても、なかなかわかってもらえません。5年生、6年生に教えると、こつが論理的に理解でき、上手になります。「平仮名は1年生」たったこれだけの思い込みを変えるだけで、いろいろなことが変わってきます。

「を」「ん」「か」「え」「み」「め」は、直すと効果絶大です。

まず、平仮名のお手本を用意してください。どんなものでもいいですが、ますを縦横に区切って4つの部屋に分けてあるお手本があればベストです。書写の教科書や漢字ドリルにあると思います。

「を」の書き方。

① 1画目は、少し短めに、少し右上がりに書く。

② 2画目は、まず縦の区切り線からスタートし、左斜め下に向かって行き、横の区切り線で止める。次に横の区切り線を戻り、中心点を通って、縦の区切り線に沿ってまっすぐに下へ行く。

③ 3画目は、上が長くなるように終わりの位置を短めに調節して書く。

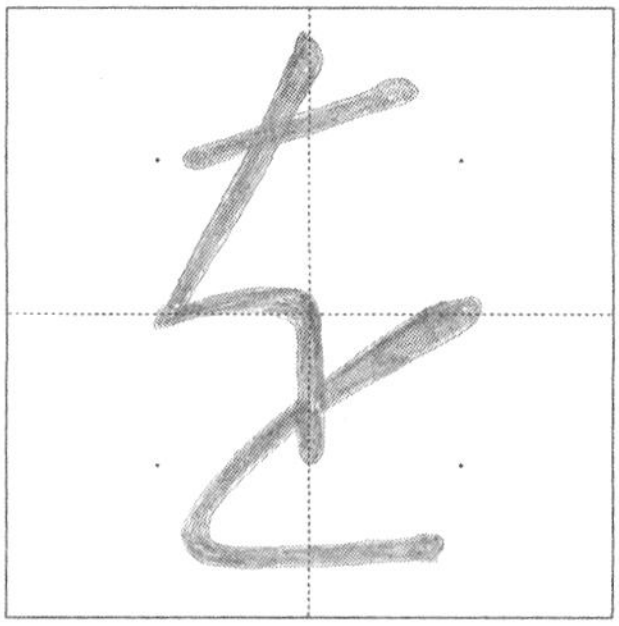

①~③を一度に全部教えても、子どもの字はなかなか変わりません。お子さんの字のどこがお手本と違うのかを、お父さん、お母さんが見つけて教えてやってください。そのたった1点を見つけてやることが重要です。3画とも全部おかしい、という場合には、②から直します。

「ん」「か」「え」「す」「み」「め」「ぬ」「ま」「は」「ほ」「の」「ふ」「わ」「ね」については、ホームページをご覧ください。

夏休みの読書感想文は手伝っていい

感想文を書く時には、このようなことに気をつけてみてください。

○ あらすじを書くのではなく、「自分」を書く

求められているのは、本の良さというより、読んだ人の変化です。本の感想ではなく、この本を読んで「自分はこんなふうに変われそうだ」「こういう決心をした」という自分を書けるとよいでしょう。

○ 本を選ぶ。

読む前から関心を持っている内容の本を選びましょう。

サッカー好きのA君は、毎年サッカー関係の本の感想文を書きました。好きなことですから、進んで本も読めるし、いつもサッカーについて考えているので、自分の意見も書きやすいからです。小学生は1年で大きな変化をするので、毎年サッカー関係の本で感想文を書いても、昨年とは一味違った感想文が書けます。

虫好きの子は、ファーブル昆虫記などを読むのが定番ですが、虫図鑑を読んで感想文を書くという方法もあります。

○家族で話をする
文を書く前のおしゃべりは、すべて感想文の材料になります。

○筋を組み立てる。
1 この本と出合うまでの自分
2 この本と出合った衝撃
3 この本を読んで変わった（これから変わっていくだろう）自分

○場面や台詞を書く。
あらすじを書かない、といいましたが、本から離れすぎると感想文とはいえません。あらすじのかわりに書くのは、「場面」や「登場人物の台詞」です。その場面や台詞によってどれだけ衝撃を受け、心を動かされたかを書きましょう。主人公の台詞の中に著者の言いたいことが隠れています。

親が教えながら書くことがよくないように思う人もいるようですが、私は積極的に手伝ってよいと思います。1年生の時から毎年、親と一緒に考えながら書くことで、書き方を覚え、その成果として、何年後かに自分で書いたものが入賞するというのは、正しい学び方です。
大事なのは、一緒に考えてやっている時、親が楽しそうな顔をしていることです。鬼のような顔で感想文を書かせると、子どもは文を書くのが嫌いになります。

読者の方からのお便り

読書感想文も悩みの種のうちのひとつです。まだ2年生なので、どうしても親が手伝ってあげないと難しいですが、それでよいものかどうかと思っておりました。親と一緒に書いてもよいと言っていただいて安心しました。子どもと楽しみながら書ければと思います。

親が手伝いすぎた時は、先生から「学校代表でコンテストに出します」と言われても、親が手伝ったことを伝えて、出品はお断りしてくださいね。

3　算数の力をつける

算数は一歩ずつ上らせる

小学校で、最も楽に百点のとれる教科は算数です。

小学校の算数は山道を登るようにできています。たし算の力を使って、かけ算の方法を探し、かけ算の方法を使って、わり算の方法を見つけるというように、ゆっくりと山道をしっかり歩いて登れば、誰でも6年生の頂上へ着くように日本の算数のプログラムはできています。

教室で子どもに話した算数の仕組みの説明

最初は短い丈の草原に出ます。そこには、鎌という道具が隠れています。それを、手で草を掻き分け探しましょう。見つけた人は、その鎌の使い方が上手になるまで、練習しましょう。練習が終わったら、少し上ります。すると、さっきより丈の長い草原に出ます。次の道具を探す時、昨日まで鎌の使い方をしっかり練習した人は、見つけるのが簡単です。でも、鎌を置いてきたり、素早く使えない人は、次の道具を見つけるのが、遅くなります。草の中から出てくる道具は、のこぎりです。のこぎりの練習が終わったら、少し上って、今度はのこぎりを使って、やぶの中から次の道具を探します。

大事なことは、

1 あわてて先へ進まない。道具探しは学校の授業に任せる。

道具を見つける部分は、学校に任せましょう。この部分をあわてて予習してしまうと、授業で宝探しをするワクワク感がなくなるので、授業がつまらなくなります。特に、4年生くらいまでは、予習に時間をかけるのは無駄です。

2 分かったことをスムースに使えるように、十分に練習する。

特に、3年生までの計算は、徹底的に、家で復習させてください。

3 道具の取り忘れに気づいたら、たとえ前の学年のことでも、きちんとそこまで戻る。

1年生、2年生に戻るのを恥ずかしがらずに勉強して、算数に自信を持った6年生が、たくさんいます。学級でも、できないところまで戻っていいんだ、という雰囲気があれば最高です。勉強はやり直しができるのだということを、算数で教えてやってください。

各学年の算数のポイントです。

1年生　たし算　ひき算

繰り上がりのあるたし算、繰り下がりのあるひき算を徹底的に練習する。ここでのたし算、ひき算は、九九以上に徹底的に、カードなどで練習しておく必要があります。

2年生

九九を順序よく唱えたら、次に、順序をばらばらにして読んでみます。さらに3×□＝24のような虫食い算をします。

3年生　わり算

あまりの出る「九九のわり算」（37÷7）をします。1、2、3年のここまでの計算は、「1問1秒で答えを言える」を目指してください。

4年生　面積

面積の考え方をしっかり理解します。長方形の面積＝たて×横、という式を暗記するだけでは力が付きません。3㎡は1㎡の正方形が3つ分、という考え方が徹底的に身に付くように、問題を繰り返し解かせましょう。

5年生　分数

分数の意味、分母とは何か、分子とは何か、をいろいろな例を使って説明できるようになれば、その後の学習に大きな力を発揮できます。

6年生　速さ

速さの考え方をしっかりと理解させます。速さ＝道のり÷時間、という公式を暗記するだけでは力がつきません。速さの考え方は、「単位量あたりの大きさ」という考え方の一つであるということを説明できるようになれば、力はぐんぐん伸びます。

1年生のひき算の練習が、6年生の算数の成績を変える

5年生の算数、「分数のかけ算、わり算」「図形の面積」では、どうすれば分数は計算ができるのだろう、どうすれば平行四辺形や三角形、台形の面積が出せるだろうと、子ども達は、いろいろなアイデアを出して、楽しく授業をします。

6年生の算数「倍数と約数」も、約数は、「約」が「割り符」という意味を持っている、ということを知っていれば、とても楽しく学習できます。

でも、学習後、問題を解いてみると、答えが出るのがとても遅かったり、答えの数字が間違っていたりする子が続出です。これは、計算の力が足りないからです。

どんな計算かというと、ひき算とわり算です。たし算と九九は親も力を入れますが、ひき算、わり算の頃になると、ちょっと気を緩めてしまうのが一般的です。しかし、高学年になって威力を発揮するのは、わり算とひき算なのです。

子ども達には、「君たちは、素敵な料理を考えつく素晴らしい頭脳を持っているのに、包丁をうまく使えないので、美味しい料理を作ることができません。」と、料理に例えて話しています。

特に見落としがちなのは、一年生でマスターしているはずのひき算です。13－7のような形のひき算を、1問1秒以内（100問100秒以内）で、37÷7＝5あまり2のような形のわり算を、1問2秒以内（50問100秒以内）で、（口頭で）答えられるように、四年生が終わるまでにトレーニングしておくと、後で大変役に立ちます。

低学年でのお父さん、お母さんの出番は、計算カードを頑張らせる時です。ひき算を学校で習ったら、ひき算のカードで、計算のスピードが極限まで速くなるように、徹底的に練習させてください。3年生までの基本的な計算が速くできる子は、小学校卒業まで、算数が好きでいられます。

恥ずかしがらずに一年前の勉強をやり直す環境を作る

算数の坂道を登り直せば、算数は必ずできるようになります。6年生の算数の苦手な子を詳しく調べると、1年生のひき算がもっと速くミスなくできるようになれば、すぐに算数が得意になれる、というような子がたくさんいることが分かります。

自分が1年生の計算が苦手だと宣言したり、自分だけ下の学年の教科書や計算ドリルに取り組むというのは、なかなかできないことです。でも、ここで、「できないのにできたふりをしているという鎧」を脱がなければ、前には進めません。

小学校の学級というのは、子どもたちが1日の大半を過ごす場所です。学級の中では、すべてを隠すことはできません。体育の時間に走れば、誰が速くて誰が遅いか一目瞭然だからです。そういう場所で一緒に暮らす人たちの前では、1枚でも多くの鎧を脱ぎ捨てた方が、安心して暮らせるし、力を伸ばすこともできます。それができるように、先生方は、いろいろな工夫をしています。自分はこれが苦手なんだ、と素直に言える集団の中にいる子は、伸びます。

また、「教える」行為は、「教わる」学習の何倍も力を伸ばせるよい方法でもあります。運動が得意な子は、得意でない子に教えてやればいいし、運動は得意だけれど算数が苦手な子は、算数が得意な子に教われればいいのです。

6年生のA君は、2年生から5年生の算数の教科書を家の物置から探し出し、算数の時間に教室の机の上に積んでいました。A君には、「今日の6年生のこの問題は、3年生のこの問題に繋がっているんだよ」と教えながら授業を進めました。

古い計算ドリルを引っぱり出してきてやり直している子もいたし、下の学年の問題集を誕生日のプレゼントとして買ってもらった子もいました。塾で相談したら、塾の先生が特別に、下の学年の問題を作ってくれたという子もいました。

家でも、これは勇気のいることです。妹や弟にばかにされる…、こういうことを乗り越えなくてはいけません。

でも、親も本人も、それを乗り越えられたら、算数は突然できるようになります。算数が不安な子には、ぜひ、取り忘れた道具の学年まで戻れる環境を作ってやってください。

公式はレトルトカレーとして使う

「三角形の面積の公式は、底辺×高さ÷2」これを暗記すれば、三角形の面積は計算できます。いわばこれは、レトルトカレーと同じで、調理しなくても美味しくいただけるものです。

レトルトカレーは便利ですが、それにばかり頼って、もともとのカレーの作り方を知らないのでは、より美味しいカレーを作ることはできません。

公式も同じです。「公式がどのように生まれたかという部分を大事にせず、公式を丸暗記しただけなので、基本的な問題は解けるが、少し複雑な問題になるとお手上げになる」という子は、少なくありません。

また、面積の学習というのは、面積の概念やこれまでの公式を利用して、次々に新しい公式を探していくのが楽しい学習ですから、公式だけ暗記して安心している子は、算数の本当の面白さがわかりません。(先生方は、公式を知っている子も面白くなる授業をしますが)

6年生の算数、速さの学習も同じです。子どもから聞いた話では、道のりを「み」、速さを「は」、時間を「じ」として、「みはじの法則」で覚えなさいという塾もあるそうです。覚えなければいけないことを、覚えやすいように省略して暗記してしまうという方法は、悪いことではありません。「み、は、じ」を暗記しておくと、単純な基礎問題は解けます。それも、かなり速く解けます。でも、ちょっと問題をひねられると解けなくなる子が驚くほど多いのです。

さらに大事なことは、「みはじ」を暗記しても、次の森を切り開く道具にはならないということです。次の森を切り開くには、「単位量当たりの大きさ」という道具の使い方を身につけることが必要です。一ひねりされた速さの問題も、単位量当たりの大きさの考え方に戻って考えれば、時間はかかっても正確に解けます。

では、そのために、どうすればいいか、というと、小学生の場合、教科書を丹念に読むことが、一番の近道です。お子さんの算数の教科書をご覧になったことがありますか。

もし、じっくり見たことがなければ、一つの単元（内容）でいいので、一つ一つ問題を解きながら、ゆっくり読んでみてください。昔の教科書に比べて、問題数は少なくなっています。問題数が少なくなった分、どの問題にも、次の考え方に進むための秘密が必ず隠されています。それを見つけようとして読んでいくと、算数の教科書はミステリーを読むより面白いと思います。

「最近の勉強は、私たちが子どもの頃と違うから、教え方が分からない」というお母さんが時々います。でも、そんなことは絶対ありません。基本は変わらないし、むしろ簡単で分かりやすくなっている内容に驚くはずです。

絵や図を描いて文章題を解く

読者の方からのお便り

音読は娘も好きなのですが、その割に算数などの文章問題が苦手です。書かれていたように音読に算数の教科書を取り入れてみようと思います！読解力が身に付くコツなどありましたら教えて下さい。

算数の文章題を解けない原因は、一言でいうと、頭の中で図や絵が描けていない、ということです。ですので、この場合の読解力というのは、文（言葉）で書かれているものを、図（絵、イメージ）で描ける力ということになります。他の種類の多くの文章にも、これは当てはまります。

高学年になって問題が複雑になった時から、突然、図を描こうとしても大変なので、低学年から図を描くことを習慣にしましょう。

「パンが2こあります。あと3こ買ってきました。あわせて幾つですか」こんな簡単な問題でも、必ず図や絵を描いてください。リアルなパンは「絵」です。最初は「絵」でかまいません。パンを〇で表すことが、図への一歩です。

4年生、5年生になった時に、この問題を数直線などで、さっと表そうとしていたら、図が描けるようになっているということです。年齢や、個の進歩具合を見ながら、より抽象的な図が描けるように、傍で見ていてやってください。

式、図、言葉の3点セットで問題を解く

逆に、図、映像などで直感的に理解したことを、言葉に変換し論理的に理解を深めることも重要です。拡大図や縮図を描く勉強では、子ども達は、こつが分かれば、それほど苦労せずに正確な図が描けます。しかし、残念ながら、多くの子が、相手にわかるような文章で、自分の描いた手順を書くことができませんでした。

文章問題を解く時には、式が書けただけでは、力がついたかどうか、分かりません。図が描けているか、言葉で手順を説明できるかを、いつも気にしてください。

例えば、夕食のおかず作りを一つ任せるなど、お手伝いを、ある程度「大きく」任せた後、どのような手順でやったか話をさせると、喜んで話し、手順を言葉で表す力が付きます。

読者の方からのお便り

3年生までずっと図を描かせてきたので、文章題は間違えないのですが、たまに単位を書き忘れることがあります。角のテストでも2問「°」を忘れて90点でした。どうしたらこのようなミスはなくなるのでしょう。

ここも、「言葉」が役に立ちます。

「ここが○センチメートルで、こちらが△センチメートルだから…」「分度器の60度をさしているように見えるけれど、これは90度より大きい角だから…」というように、心の中ではっきりと言葉にできていると、単位のつけ忘れはなくなってきます。

「センチ」も「ミリ」も長さじゃない

6年生の最後に、これまでに学習した単位の仕組みをまとめるのですが、これが厄介に感じる子は少なくありません。

問題点は2つあります。

一つは、これまで、生活の中で、「センチ」と「ミリ」を長さの単位として口にしてきていることです。

本来は「センチメートル」「ミリメートル」であって、長さの単位は「メートル」の方です。「センチ」は100分の1、「ミリ」は同様に1000分の1という意味しかありません。それが、生活用語から、子どもの頭の中では、「ミリ」より長いのが「センチ」、「センチ」より長いのが「メートル」、「メートル」より長いのが「キロ」というふうに、「ミリ」や

1000倍	100倍	10倍	1	10分の1	100分の1	1000分の1
k(キロ)	h(ヘクト)	da(デカ)	元になる単位	d(デシ)	c(センチ)	m(ミリ)
km			m(メートル)長さ		cm	mm
kg			g(グラム)重さ			mg
kl			l(リットル)かさ	dl		ml
	ha		a(アール)広さ			
	hPa		Pa(パスカル)圧力			

単位の仕組みをまとめた表

「センチ」が「長さ」になってしまっています。

長さは「メートル」、重さは「グラム」、かさは「リットル」、広さは「アール」が単位です。「ミリ」「センチ」「デシ」「デカ」「ヘクト」「キロ」は何倍かを表すだけで、単位ではないということが整理できれば、単位の勉強の半分は、できていることになります。ただ、子どもの頭の中では、「それまでの常識」と違うようで、整理するのが難しいようです。

もう一つの難関は、「平方メートル」と「立方メートル」です。

1mが100cmは、どの子も知っています。そこで、考えるのが嫌な子は、1㎡も100㎠にしたくなります。

ここは、落ち着いて、正方形の絵を描けば、大きな正方形の中に小さな正方形がいくつあるかがわかり、1㎡は、1㎠10000こ分（100×100）であることがわかります。「立方メートル」と「立方センチメートル」の関係も、絵を描ければ、間違いはなくなります。

あとは、「1辺が10mの正方形が1アール」、「1辺が10㎝の立方体が1リットル」、そして、「1㎤の水の重さが約1グラム」を覚えたら、6年生の単位の授業は完璧です。

読者の方からのお便り

あっ、『目から鱗』とはこのことです。今まで子どもには「とにかく覚えなさい」と言ってきました。もう一度、自分の頭を整理して、子どもに教えたいと思います。

答えは一つでも、方法はたくさんあることに気づかせる

6年生の組み合わせの問題です。「アイスクリーム5種類の中から4種類を選ぶ組み合わせは、何通りあるでしょう」

これを解く方法は、いろいろあります。順番に絵や図を描いてもいいし、計算でもできます。でも、一番簡単なのは「5種類から4種類を選ぶということは、1種類をあきらめることだから、あきらめ方は5通り」という考え方です。

それ以外の少し面倒な方法を考えたことは悪いことではありません。一つの答えを出すために、いろいろな方法を考えることが、算数のいちばん大事な勉強だからです。子どもたちには、「正しい答えが一つ、山の頂上にあるとしたら、そこへ行く道は何本もある。それをできるだけたくさん見つけて、その中で、最も速く楽に正確に行ける道を探すのが、算数の勉強」と話しています。

5年生の算数で、円周率の勉強をしました。

円周率が3・14ということは、ほとんどの子が、学習前から知っています。円周率を使った問題も、基本的なものなら、すらすら解けます。

でも、円周率を出すために、円周の長さを測る授業では、面白いことが起きました。「円周を小さく刻んで行き、直線に近くなったら定規を当てる」「定規の上で、円を転がす」「円の周りに糸などを巻いて、糸を伸ばして測る」など、円周の長さを測る方法はいくつもあります。

いくつかの方法をすぐに思いついた子もいましたが、一つも思いつかない子もいました。実社会では、一つの方法が駄目だからといって、それであきらめていては、何も成し得ません。一つの方法で挑戦し、駄目なら次の方法、それでも駄目なら更に次の方法…。こういう力が身に付かないまま社会に出てしまうと、仕事のできない人になってしまいます。

学校で友達と勉強することや、材料を工夫して何かを作るといった遊びや作業を数多く経験することで、方法をたくさん見つける力は身に付きます。

また、親がそういう姿勢を見せるだけでも、子どもは変わります。難しく考えることはありません。「困ったな。どうしよう。…そうだ。こうしよう」と言ってみましょう。「冷蔵庫にこれだけしかない。どうしよう。…そうだ。今日は、これを作ろう」日常の何でもないことでも、「困った。どうしよう」とお子さんの前で言い、考えるふりをして、解決してみましょう。繰り返すうちに、「ねえ、こうしたらどう?」なんてお子さんが言い出したら、しめたものです。

4　その他の教科の力を伸ばす

半年前に地図を持って出かける…社会科

社会科は、学年が進むにつれて、学習する対象の範囲が広がっていきます。夏休みくらいから、次の学年のことに触れておくと、授業で活躍できたり、学習がより楽しくなったりします。

○1年生…身の回りについて学習する
「いろいろなものがあるね」と話しかけながら、近所を散歩しましょう。

○2年生…「公共」について学習する
交番、郵便局、駅などに行って、働いている人、利用している人の様子を見ましょう。
公共の交通機関には、実際に乗りましょう。

○3年生…自分の住んでいる地区、市町村について学習する

市内のあちこちに行っておきましょう。

○4年生…自分の住んでいる都道府県について学習する

家族の日帰り旅行などの機会があれば、自分が住んでいる地区との違い（街部とそうでない場所、山間部と海の近く…）を意識させながら楽しみましょう。旅行の道筋を一緒に地図で確かめ、県内の市町村や山、川の名前を覚えさせましょう。

○5年生…日本全国に学習が広がる

県外に行く機会があったら、何県のどこに行ったか、そこは、自分たちの住んでいる県とどんなことが違うかを家族で確かめましょう。都道府県の名前と場所を覚えられるよう、テレビの天気予報番組や日本地図を家族で一緒に見ましょう。

○6年生…「日本の歴史」「世界とのつながり」を学習する

家の近くの史跡に出かけたり、図書館の歴史のコーナーに行って、歴史的な出来事や人物名を意識させましょう。新聞等の海外の記事や、海外取材のテレビ番組を家族で一緒に見て、国の名前、場所、都市名前などを覚えさせましょう。オリンピックやワールドカップのある年は、関心を持たせやすいですね。ワールドカップは、世界の各地域に代表が割り当てられるので、出場国を見るだけで、世界全体がつかみやすいと思います。

「小さな恋の歌」は魔法の歌…音楽

読者の方からのお便り

今日は先生にちょっと相談。私は昔から歌が下手でそれがコンプレックスになっているところがあって…先生みたく上手に歌えたら気持ちいいんだろうなと思うものの、自分はなかなかうまく歌えないんです。声がこもってしまうのと、顎関節症なため口がおもうようにあかないんですよね。でも練習すれば何とかなるのかな…

モンゴル８００の「小さな恋の歌」は、歌うだけで歌が上手になる歌です。音楽の授業で、この歌を使ったら、多くの子が歌に自信が持てるようになりました。歌に自信が持てると、他の教科の授業中の発表も積極的になります。そうすると顔も頭もどんどん良くなります。

〈モンゴル８００の「小さな恋の歌」の歌い方〉

・小さな声でいいので、覚えるまで何度も歌う。

・Bメロ「響くは遠く…」を歌いながら、どこで裏声になるか調べる。
・サビ「ほら、あなたにとって…」、大サビ「夢ならば醒めないで…」は、小さな声でいいので、裏声で歌う。
・Aメロ「広い宇宙の…」の地声、サビ「ほら、あなたにとって…」の裏声が、少しずつ響くように練習する。
何度も歌うことになりますが、良い歌なので、何度歌っても飽きません。

〈響く声にする方法〉
・腹式呼吸を覚える。
静かに仰向けに寝て、へそのあたりで呼吸していることに気づく。静かに起き上がり、座ったり、立ったりして、寝ている時とへそのあたりが同じ動きをするように静かに呼吸する。（ここは、少し時間がかかります。）
・親子でロングトーンの競争をする。
リコーダーなどで、どちらが長く同じ音を出し続けられるか競争して、息をたくさん吸ったり吐いたりできるようにする。
・ハミングで音を顔や頭に響かせる。
唇を閉じ、上下の歯は合わせないですき間をあけ、「ム～～～」と声を出す。口や鼻のあたりにむず痒さを感じたら、そのむず痒さが顔の上の方に登っていくように、声の出し方を少しずつ変えてみる。

・体全体に音が響くイメージを持つ。

ぎゅっと握るとトライアングルの音が響かないことを思い出し、体全体に力が入りすぎないように工夫する。意識と力をへそに集中させると全身の力が抜ける。

読者の方からのお便り

音楽って本当に私にとっては元気の源なので、誰がなんと言おうと、思おうときっとずっと好きだし、必要なものだと思います。そんな音楽に娘も出会って欲しいと思っています。いつか娘と同じ歌が好きになれたらな〜。

ぜひ、「小さな恋の歌」を、親子で歌ってください。

リコーダー、鍵盤ハーモニカで頭を良くする…音楽

鍵盤ハーモニカとリコーダーは、息と指のコントロールを、楽しみながら身に付けられる大変優れた道具です。子どもの能力開発で、これを見逃す手はありません。鍵盤ハーモニカ、リコーダー、どちらでもかまいませんが、お子さんが、この楽器が好きになるように、お父さん、お母さん、ちょっとだけ頑張ってみませんか。

やり方は簡単です。リコーダーをもう1本買って、家で一緒に演奏するだけです。教科書や学校で配布される歌集の曲で充分ですし、お得意なら、ヒット曲もいいですね。

同じ場所を吹いてもいいですし、別々のパートを演奏して合奏すると、お子さんは、さらに楽器が好きになります。「ピアニカで奏でる　ディズニー作品集」など、簡単にかっこよく二人で演奏できる楽しい楽譜集もあります。

家族で楽しく過ごす中で、自然にお子さんの能力が高くなる。小学校の音楽の勉強には、こんな秘密も隠れています。

玄関美術館に作品を飾る…図画工作

図工の作品は、一ヶ月くらいすると家に返ってくると思います。家に返ってきたお子さんの作品、どうしていますか。

家庭訪問をした時、玄関に、その家のお子さんの作品が飾られているのを見ました。普通のお家の、どちらかというと、狭い玄関です。そこに少しだけ、お子さんの絵が架けられ、工作の作品が置いてありました。

お母さんは「私の美術館です」とおっしゃいました。その一言がとても素敵だなあと思いました。あとで子どもに聞くと、玄関に自分の絵が飾ってあるのはいい気持ちだと言っていました。兄弟バランスよく、新しいものにどんどん架け替えてくれるそうです。

クレヨンで名画を描く…図画工作

小学校の図画工作の時間は、自由な発想で作品を創ることが多く、上手になる方法を教えてもらう時間は、ほとんどありません。そこで、授業で、絵をまねして描く時間を設けました。

・名画をまねて描く

モネやゴッホの絵をクレヨンで描かせると、油絵と似た雰囲気になって、子どもたちは喜んで取り組みます。教室では、モネの「積みわら」、ゴッホの「星月夜」を使いました。ピカソの「泣く女」、ムンクの「叫び」なども、喜んで挑戦する子がいます。

・図鑑の絵をまねて描く

写生をする前に、植物図鑑の絵をまねて描かせました。図鑑の絵には、リアルに見せる方法がたくさん隠れています。男の子には、昆虫図鑑や魚類図鑑も人気があります。

読者の方からのお便り

まねするためには緻密な観察力が必要で、その観察力は絵を描く以外の分野にも応用できると思います。「パクる」とか「パクリ」とか言って子どもたちは少しのまねも嫌う向きがありますが、違和感を覚えます。

子どもの本当の体力を測る…体育

子どもの体力測定は、国でもやっていますが、本当に小学生に必要な体力とは、少し違うような気がします。お子さんの、こんな体力を調べてみてください。

・逆立ち、壁倒立ができるか。
・自分と同じ体重の友達を背負って歩けるか。
・肩車をされた時、両手を離して楽しめるか。
・鉄棒の逆上がりはできるか。
・鉄棒の前回り降りを怖がらないか。
・気をつけの姿勢から、垂直や平行方向にまっすぐ腕を伸ばしてキープできるか。
・腕立て伏せの姿勢をキープできるか。（腕立て伏せは、しなくていいです）
・長座から足をそろえて上げ、V字バランスの姿勢をキープできるか。
・仰向けで寝て、（両手で腰を支え）両足をまっすぐ上に伸ばした姿勢をキープできるか。
・（頭は地面につけずに両手両足での）ブリッジの姿勢をキープできるか。
・学校の上り棒や雲梯は楽にできるか。

じゃんけんで体力作りをする…体育

まず、腕立て伏せの姿勢をしてください。そのまま、じゃんけんをします。何回勝ったら終わり、と決めておきます。じゃんけんに勝てないと、かなり長い時間、この姿勢を続けなければいけませんが、負けた子ほど体力のつくトレーニングになります。

体育の授業では、全員で、これをやります。3人の子に勝ったら終了、とすると、子どもたちは夢中でやります。

スキップで足を速くする…体育

お子さんが足が遅いと悩んでいたら、スキップで走るフォーム作りをしてみましょう。

走るフォームを作るためのスキップのポイントは、以下の通りです。

・腿が地面と平行になるまで膝を上げる。
・膝を上げるときに、がに股や内股にならないようにする。
・上半身の力を抜いて、きれいな腕振りができるように気をつける。

これができたら、次は、

・1回1回を強く、高く跳ぶ。

ここまで来ると、足の力もついてきて、走るのが速くなります。

「100つかみ」で逆上がりができるようになる…体育

鉄棒の逆上がりができない場合は、「100つかみ」を試してください。

鉄棒にじっとぶら下がります。その時、ひじとひざを直角に曲げてください。これで、逆上がりに必要な、握る筋肉、腕を曲げる筋肉、足を上げるための腹筋が強くなります。

1日100秒これをやります。1回について1秒しかもたない子は、100回飛びつきます。1回10秒我慢できる子は、それを10回やります。

4年生がやった時は、早い子は1週間で逆上がりができるようになり、3ヶ月くらいでクラス全員が逆上がりができるようになりました。それより小さい子はもっと早くできるようになるはずです。

正しい「気をつけ」で得をする…体育

本人はやる気十分でも、「気をつけ」の姿勢がだらしなくて、まじめにやっているように見えないことがあります。とても損なことです。

気をつけの時に足がそろっていなくて体が曲がっている、肘や指先が伸びていない、左右の動きがあっていない…ほんの少しの体の傾きや、手足の伸ばし方を直してやるだけで、やる気一杯に見える気をつけの姿勢になります。

小学校の外国語の授業は心配しなくていい…外国語

読者の方からのお便り

質問です。小学一年生の父親です。

妻は、子どもたちを英語の塾に週一回通わせたいと考えています。私は反対しています。反対の理由は英語の教材費が40万円もするのと、今のうちは塾に通うよりも、友達と遊んだり親と遊ぶ時間が大事だと思うからです。先生は、今のうちから塾に通って英語の勉強はした方が良いと思いますか？

外国語の授業が始まって、何年間か6年生の子どもたちを見ていますが、どの子も楽しく授業を受けていえます。成績がついたところで、小学校のうちは、たいして差が出ることもないと思われます。小学生の英語の塾は、行かなくても心配ありません。

どうしても英語の塾に、ということでしたら、小学校に入る前に、きれいな英語を話す人のところへ、家族で遊びに行ってください。5、6年生の子どもたちが困っているのは、先生の発音が聞き取れないことだけだからです。英語は、塾に任せるのではなく、お父さん、お母さんも一緒に楽しんだ方が、お子さんの力は伸びます。

6歳までに、発音を聞き取れる耳を手に入れる。6歳から12歳までは、日本語でじっくりと勉強する。12歳を超えたら、英語にも腰を落ち着けて取り組む。これが、私の考える理想的な外国語の勉強です。

言語は、コミュニケーションのツールであると同時に、思考のツールです。小学校の勉強で大事なのは、日本語でしっかり考えることができることです。まず、母国語で深い思考のできる人になることが重要です。

読者の方からのお便り

海外で日本の服を着る為に、日本の伝統文化に親しむようにしています。子どもは、1年生の時からお習字を習っています。また、今年は区主催の茶道・華道親子マナー教室で月に1回教えていただいています。単発の狂言や落語教室などにも参加しました。日本の伝統文化は本当に素晴らしいですね!

子どもを持つことによって私もいろいろ学ぶことが出来て嬉しく思っています。

私は、英語の勉強は中学からで十分だと思っています。


このお便りにあるように、世界の人と触れ合う時、母国を愛していることも大事です。

あこがれの職業に就くことが夢を叶えることではない…総合

6年生の総合的な学習で、「夢を叶える授業」をしました。

A君は、将来有望なサッカー少年です。この授業が始まった半年前の将来の夢は「プロサッカー選手」と書いてあるだけでした。

一年間の授業がすべて終わった時、A君は、このように書きました。
○夢を叶えた自分の姿…子どもたちに夢を持ってもらい、どんな人からも尊敬されている
○夢を実現するための職業…プロサッカー選手、警察官、弁護士、パイロット、消防士、海上保安官、通訳

どれもA君に似合う職業だなあと思います。

憧れの職業に就くことそのものは、ゴールでもないし、夢を叶えることでもありません。いちばん就きたかった職業に就けても就けなくても、自分の仕事をすることで理想の自分になれるかどうかがいちばん大事なことで、なりたい自分になれた時こそ夢を叶えた時です。

お子さんと将来の話をする時には、ぜひ、そのことを教えてください。

最初、声優やアナウンサー志望だったBさんの最後の夢のカードには、夢を叶えた自分「人の役に立っている、みんなを笑顔にしている」と大きく書いてあり、職業欄には、保育士が加わりました。Bさんは、声優やアナウンサーを目指しているだけあって、声もきれいですし、音読も上手です。保育士のBさんに毎日読み聞かせをしてもらえる子は幸せです。

「みんなが笑顔になって、信頼される仕事をしている」姿を、夢の叶った自分の姿と考えた漫画家志望のCさんの職業欄には、友達からのアドバイスで「シェフ」が加わりました。Cさ

んは漫画を描くのが上手なばかりでなく、料理が好きで上手なことを友達が引き出してくれたのです。自分の才能は意外に他人が知っているものですし、たった一つしかないのでもありません。Cさんが、どんな職業に就いたとしても、Cさんの才能は発揮され「みんなが笑顔になって、信頼される仕事」をすることができるでしょう。

夢の職業を目指して努力を続けることはとても大切です。また、そうして努力する毎日は、実は人生の中で最も楽しい期間でもあります。夢の持ち方を間違えないようにしてやれば、お子さんは、素敵な人生を歩みます。

テーマパークは学びの宝庫…総合

修学旅行でディズニーリゾートに行くことが多いので、「夢を叶える授業」では、ディズニーリゾートも教材にしています。

フォトサービスは、ディズニーのキャストが「写真をお撮りしましょうか」と言ってくれるサービスですが、これを授業で演じてみるだけで、夢を叶えるために大事なことが幾つもわかってきます。これ以外にも、ディズニーリゾートは、学びの宝庫です。詳しいことは、ホームページに書いてありますので、それを参考に、次の家族旅行では、「学びの目」でテーマパークを見てみませんか。

5 長期休業を使って力を伸ばす

春休みは、テストを見返す

今年1年の学習が身に付いているか調べ、1年の総復習が簡単にできるアイテムが、身近にあります。それは、今年1年、学校でやってきたテストです。特に、算数のテストは、順序よく、丁寧に読み返していくと、過不足なく、学習したことを見返すことができます。

6年生に、今までのテストを持ってきなさいと言ったら、1年生からの算数のテストを全部持ってきた子がいました。お父さん、お母さんが、丁寧にファイルに綴じて残しておいてくれたようです。

テストは、春休みに1年分を見返し、全部理解できているようなら、処分して結構です。ただし、算数の苦手な子は、算数のテストだけは、前の学年のものも残しておいてください。算数がわからなくなった時、一つ学年を戻って学習し直すためです。

子どもの勉強が心配になると、新しい参考書、新しい塾などが気になりますが、教科書やテストなど、学校から分けられているものを活用すれば、充分に勉強できます。教科書やテストを見ながら、家族で一緒にわいわい楽しく勉強しましょう。

6年生の春休みは、家から一歩も出さずに勉強させる

6年生の春休みは特別です。春休みの間、家から一歩も出さずに厳しく勉強させてください。私が卒業生に毎年言っていることです。

卒業生のみなさんへ

卒業は、少し寂しくもありますが、小学生でなくなる解放感は、きっとそれを上回るものでしょう。全国の多くの6年生は、規則や宿題から解放され、春休みは遊びます。

でも、君は、外に出てはいけません。3週間後に始まる中学校生活に向けて、徹底的に勉強しなさい。この3週間、わき目もふらずに勉強すれば、大きく人生は変わります。

★「6年生の春休みが大事な理由」

理由は2つあります。

1つめは、3週間後、君が新世界に立つからです。

いくつかの小学校が集まる大きな中学校では、君のことを知らない同級生と出会います。そんな新世界の最初のテストで良い成績を納めれば、君は多くの人から「あの人は頭が良い」と思われます。

この「思われる」というのが大事です。みんなが思うことは、いずれ自分も思うことになります。知らないうちに、自分自身が「自分は頭が良いのだ」と思い始めるのです。そう思ったら、君は、頭の良さをキープするための努力を怠らなくなります。努力することが楽しくなります。

受験や引っ越しで、これまでと環境の違う中学校に一人で入学したなら、なおさらです。理想の自分に変身するとても大きなチャンスが目の前にあると思いましょう。

もしかしたら、6年生のクラスがそのまま中学1年のクラスになるという地区に住んでいる人がいるかもしれません。それでも、中学校の先生は、その人のことをよく知りません。最初のテストで良い成績をとったら、先生方はその人を頭の良い子だと信じます。同級生にそう思われるより、先生にそう思われる方が効果は大きいかもしれません。

さて、理由の2つ目は、最初に言ったことです。

ほとんどの6年生は、春休みに遊び回ります。ですから、そんな中で君が頑張るということは、居眠りをしているうさぎを追い抜く亀のように、簡単にみんなに勝ててしまうということです。これは、ものすごく大きなチャンスです。

これから先の勉強は、（本来の勉強の姿ではありませんが）順位という結果を伴う学習になります。中学、高校を卒業した時、行きたい場所、なりたいものの「椅子」はとても少ないかもしれません。そのわずかな数の「椅子」には、残念ながら順位が上の人から順に座っていくことが多いのです。

マラソンを見ていると、初めからトップグループにいない人で優勝できる人はいません。勉強のスタートダッシュは、小学校の卒業式の日から中学校での最初のテストまでの期間です。ここで良い成績がとれれば自分の自信がみなぎり、その先も順調に中学校生活が送れるでしょう。

そのまま、順調に学習が進んだ後の、中3の春休みや、高3の春休みは、小6の春休みの何倍も長く、何百倍も楽しいものです。6年生の春休みには、友達と隣の町に行くのが精一杯でも、高3の春休みは友達と旅行に行くこともできます。6年生の春休みに勉強して「貯金」しておけば、6年後には、何百倍もの利子がついて自分のもとに返ってくるのです。ほとんどの6年生は、これに気づかず、6年生の春休みを無駄遣いしてしまいます。6年生の春休みほど「時間の投資」が有効に「利益」を生む時はないのです。

★「6年生が春休みにすると良いこと」

では、やる気になった君に、何をすればいいかを教えます。

もともと勉強が嫌いではない君なら、好きな科目の中学の教科書を徹底的に読んでください。まだ教科書が配布されていなければ、兄弟や、近所の先輩から譲ってもらったり、書店で教科書ガイドを買ってきましょう。読むだけでいいので、好きな科目を1年分予習してしまいましょう。

好きな科目がない、勉強が好きではないという君は、3つのことをしましょう。

1つめは、中1の数学の教科書の問題を解くこと。といっても簡単には解けないでしょうから、ちょっと考えて解けないと思った問題は「教科書ガイド」のようなものを買ってきて、解き方をノートに丁寧に写しましょう。理解できなくても、丁寧に写すだけで効果はあります。

2つ目は、英単語をたくさん覚える。

3つ目は、新聞の音読をする。これは、大きな声でやってください。

一つに飽きたら次のもの、というふうに、自分を飽きさせないように、この3つを上手に繰り返し、1日中勉強しましょう。

私は、6年生の春休みに、これを実行しました。引越しのため、まったく知っている人のいない中学に入ることになって、遊ぶ相手がいないこともあり、一歩も家から出ずに勉強しました。おかげで、最初の試験では学年で1番になりました。私の実力を知っている人は誰もいなかったので、同級生も先生も、私がもともと頭の良い子だと勘違いしました。あの春休みがなかったら、私は大学にも行っていなかったでしょうし、この仕事もしていなかったと思います。

たった3週間、進む角度を少し上向きにするだけで、その道は、自然に高い所につながるのです。

読者の方からのお便り

そんなに春休みが大事だとは思っていませんでした。

読者の方からのお便り

何百倍もの利子…確かにそうです。「自分に投資できる」というのは、とても恵まれていることだと思いますが、子どもにはその価値がなかなか伝わりにくいです。でも、大人(親)にしか伝えられない価値なので、あきらめず粘り強く伝えていく努力をしたいです。

春休みから、新しさを演出する

「新しい」は、脳にとって栄養ドリンクのようなものです。新しい服、新しい道具、…何でも、新しいものを手にすると、自然に心がうきうきします。

うきうきしている時の脳は、活発に働いています。初めての場所、初対面…、「初」がつくことは、うきうきに、わくわくやどきどきがプラスされ、もっと脳が働くので、その日のことは、なかなか忘れません。

小学生にとって4月は「新しい」にたくさん出会う時です。学校で、「新しい」が、たくさん起こります。せっかくですから、これを大事にしましょう。そうすれば、子どもたちの脳は、いつもの何倍も活発になります。

学校から帰ってきたら、「どうだった」と、いつもより楽しそうに聞いてください。他の11か月よりも、たくさん「新しいこと」が学校で起こっているのですから、日頃、口が重い子も、ついおしゃべりになります。

また、学校でわくわくしやすいように、子どもの身の周りを演出しましょう。鉛筆を新しいものに替える。下敷きや消しゴムを新調する。給食のふきんやマット、お箸などを新しくする。ハンカチを新しくする。それぞれに丁寧に名前を書いてやる。ほんの小さなことでいいので、始まってしばらくの間、「4月は新しい季節」だと感じられるように、演出してください。

一流の人は口をそろえて「毎日毎日が、新しい1日だ」と言います。「新しい」は、脳を活性化し、能力を伸ばすための、重要なキーワードです。お子さんの話の中に、新しいこと、発見などがあったら、一緒に感動するのも、大事な大人の役目です。

読者の方からのお便り

勉強道具など新品は間に合いませんでしたが、会話の中で「新しさ」を気づかせるようにしてみます。

夏休みの宿題は、最初の3日で終わらせる

夏休みの学校の宿題なんて、3日で終わらせましょう。

読者の方からのお便り

メルマガを拝見してびっくりして笑ってしまいました。「宿題は3日で終わらせよう」っ

ておっしゃっていいんですか? なるべく予定通りに毎日進めようと言われるのかと思いましたが。かく言う私も子どもに「早めに終わらせたら好きなことができるよ」と言っていますが（笑）

「3日でやってしまおう」は本気です。クラスの子どもたちにもそう言っています。

3日でできるものを30日かけてやる必要はありません。どうしてもやらなければいけない面倒なものは、どんどん片付けましょう。

3日やれば自由な日が27日ある。このご褒美はとても価値が高いでしょう。こういう前向きなご褒美が真の力を発揮させます。こういう前向きなご褒美を自分で設定できるようになるまで子どもを導くと、その子は一生楽しく自分の人生に挑戦し続けるでしょう。

学問というものは、余裕がないとできません。残りの27日間、何もしなくていいという余裕から、もう少し勉強しようかなあ、なんていう気持ちが出てくるかもしれません。

「やった〜。残りの27日は好きなことができる」

そう喜んだ子はとても優秀です。なぜならやりたいことがすでにはっきりとしているからです。やりたいという情熱は脳を活性化させ、頭をよくします。

あとの27日、何もせずにのんびりしちゃった。これでも大丈夫。だって宿題はちゃんとやってあるのですから、最低限の勉強はこなせているわけです。しかもたった3日で。最初の3日でやれば、こんなに良いことがたくさんありますが、同じ3日でも最後の3日間にやっては、悪いことばかり起こります。まず、やっている3日間に余裕がなくなります。「あとがない」という状況は、火事場のばか力というパワーを生み出すことがありますが、勉強にそんな力はいりません。また、その前の27日間の中には、宿題が気になって好きなことに集中できないという日も必ず出てきます。もったいないことです。

まだ宿題が終わっていない人も、今日から3日間で終わらせましょう。

一つだけ注意してください。残りの27日間は、もちろん、テレビゲームと「一人で見るテレビ、動画」は一切禁止です。これを守らないと、27日間はすべて無駄になります。

夏休みの自由研究のテーマは何でもいい

夏休みに自由研究の宿題は、まだ、出ているでしょうか。何をすればいいか悩んでいる子も多いと思います。でも、あまり悩まずに、簡単に考えましょう。

いちばん大事なのは、「発見する（疑問を持つ）、予想する、試してみる、発見する（疑問を持つ）、予想する、試してみる、…」というサイクルが続いていくことです。これさえしっかりしていれば、題材は何でもかまいません。

時間切れで途中になってもかまいません。途中で時間切れになったら「来年は、この疑問解決から研究を再開したい」と結んでおけばいいのです。

4年生くらいから始めて、3年間同じ題材で研究を続けると、良い研究だと評価されます。6年生まで「その続き」の研究を続けようと思えば、何をすればいいか悩むこともなくなります。「指パッチンは、どうすればよい音になるか」という研究を3年続けて賞をもらった子もいます。

このサイクルは、どの教科の学習でも大事なことです。格好や評価を気にせず、思考サイクルを身に付ける練習だと思って、気軽に題材を選び、自由研究に取り組んでみましょう。

冬休みは、勉強を忘れて家族で過ごす

冬休みは、勉強のことは忘れて、家族で過ごす時間を大事にしましょう。

○ おしゃべりをする

テレビは消して、家族全員の指が蜜柑で黄色くなるまで、しゃべりまくる。

○遊ぶ
コンピュータゲームは封印し、凧揚げ、こま回しなどの伝統的な遊び、ボードゲームなどを、わいわいしゃべりながら、家族みんなで楽しむ。

○家事をする
大掃除、おせちの準備など、手伝えることは全部手伝わせる。一緒に買い物に行き、上手な買い物の仕方を、お父さん、お母さんが見せる。

○勉強で遊ぶ
計算の競争や、漢字テストを、家族一緒にやってみる。

○字を書く
書き初めをする。書き初めの紙を広げるのが大変な時は、普通の半紙を折って16ますを作り、名前を書く。（そうすると、ちょうど、子どもが学校で書く書き初めの名前と同じ大きさの字が書けます。）筆ペンで普通の紙に書くだけでかまわないので、筆先がスポンジの塊ではなく、毛先の形状の筆ペンを使う。

家族みんなでやると楽しい。楽しいと、自然にたくさんやる。たくさんやると、中には上手にできることがある。それを褒められたら、好きになって、一人になってもやる。こんな好循環が生まれます。

欲張ってたくさんやる必要はありません。どれか一つ選んでやってみませんか。宿題を早く終わらせて、家族で楽しい冬休みを送る準備を始めましょう。

あとがき

いちばん大事なこと

読者の方からのお便り

意識してみると小さな幸せの芽は、身の回りにたくさんありそうですね。子どもと何気なく目が合ったとき、ふっと微笑んだら、子どもの表情がぱっと明るくなったのを見てうれしくなったことがあります。一つ一つ見つけられたら楽しいですね。

子育てや教育でいちばん大事なことは、子どもを見つめるという行為そのものであることを、このお母さんのお便りは教えてくれました。

人は誰でも愛をもって自分を見つめてくれる人がいるのがわかると、幸せな気持ちになります。ですから、見つめてくれるまなざしを感じれば、子どもは真っ直ぐに育ちます。

また、親は、子育てを通じて、見つめていたいと思える人がこの世界にいるという幸せを、味わうことができます。

子育てには苦労も多く、いつ終わるのだろうと長く感じることもありますが、子育てができる期間というのは、実は、長い人生の中の、ほんの短い間です。

ぜひ、子育てを楽しんで、幸せなお父さん、お母さんになってください。


ここに書かれたものは、毎週書いてきたメールマガジン「速効よい子」の記事の中から抜粋したものです。メールマガジンの記事は、この本の何倍もあり、省略したものや、本に載せられなかったことがたくさんあります。途中でも書きましたが、元の詳しい記事や、載せられなかった記事は、私のホームページ「季節の小箱」の中で、すべて読めるようにしてあります。

もし、興味を持たれた部分がありましたら、ぜひ「季節の小箱」においでください。

また、バックナンバーになりますが、今でもメールマガジンは毎週週末に発行しています。無料ですので、全部一度に読んだり記事を探すのが面倒だったりする場合は、毎週、配信されるものをお楽しみください。

お気づきのように、このメールマガジンは、読者の方からのご意見、アイデアやご質問に支えられて、初めて充実したものになりました。この本を読んでのご意見やアイデアをいただいたら、これからもメールマガジンに反映させ、同じことで悩んでいるお父さん、お母さんに役立てていただきたいと思っています。私は、すでに定年退職をして現場から離れていますが、こんな私でもお役に立てるのであれば、ご質問にもお答えします。ホームページからメールをいただけるようになっていますので、気軽にお便りをいただければ嬉しいです。

令和二年五月十八日

増田浩二

イラスト：増田公美

★ホームページでは、メールマガジンのすべての記事を読めるようにしてあります。気になる内容がありましたら、ホームページで詳しくお読みください。
ホームページ「季節の小箱」
メールマガジン「速効よい子」

速効よい子

*

令和２年６月11日　初版発行

発行者／増田浩二

発売元／静岡新聞社

〒422-8033　静岡市駿河区登呂３－１－１

電話　054-284-1666

装　丁／塚田雄太

表紙絵／増田公美

編　集／田邊詩野

印　刷／藤原印刷

*

ISBN978-4-7838-8008-0 C0037

定価はカバーに表示してあります

乱丁・落丁本はお取り替えします